昭和三十三年十二月石川県高松町の三井家にて、御神示を頂かれる直前に撮影。左から、
花井陽三郎先生、高名興仁先生、門田博治先生

浜名郡可美村若林（現浜松市南区若林町）のご自宅の前でくつろがれる門田先生ご夫妻

「十言神呪」啓示百年記念

〈完全版〉

光る国神霊物語

――大悟徹底の手引書――

門田博治
花井陽三郎
石黒豊信 編

MPミヤオビパブリッシング

はじめに〈完全版〉

本書『光る国神霊物語』は先に「十言神呪啓示六十年記念」として上梓したものの〈完全版〉です。

昭和二十八年夏より翌年まで「十言神呪」の啓示がありました。その記録を『光る国神霊物語』と題して初めて公にしたのは昭和四十六年十二月でした。ところがこの啓示に先立つ三十数年前の大正末に「十言神呪」がすでに啓示されていることが分かりました。「十言神呪」と名告ってはいませんが、それは『モラロジー最高道徳』でした。

これらは「十言神呪」の異なる二つの組立てによるものでした。本書は宗教哲学であり、『モラロジー最高道徳』は道徳です。前者は神様に至る霊と祭の道を、後者は神様の歩む道の道を述べたものです。

さて、本書は、右に記したように十分な事情の分からぬままに、「十言神呪啓示六十年記念」として平成二十五年に改訂版として復刻しました。

ところが、啓示を受けられた二人の師からの神界よりの導きを基に、「十言神呪」のそれぞれの組立てに対する解説を不十分ながらも平成三十年に『二十一世紀の惟神の道　十言神呪』として上梓しました。更にまた現在、「十言神呪」の二つの組立てを合して「十言神呪啓示百年記念」として『神界物語』を上梓続けているところです。

このような事情を鑑みて、『光る国神霊物語』において中略や○○として略されている部分を授けられたご神示のままにすべてを元に戻し、「十言神呪啓示百年記念」、〈完全版〉『光る国神霊物語』として上梓する所以《ゆえん》です。

中略や〇〇には、観法の手順や伏字、手印などを記してあります。これらもすべて授けられたご神示のままに記しました。本書の著者自身の記録により戻したものです。したがって、「十言神呪」が現世に降ろされる薫りがよく現れるものとなりました。同時に、観法についても完全なものになっています。手印の作り方に分かり難いところがあるかと思い、作り方も補いました。

ただ、六甲山中において伝授された統字観法と体字観法は、それでも公にできない観法と思われます。秘められた個所を最小限にして、その薫りのみを残さざるを得ませんでした。統字観法は、小生自身においても執行したことのない観法です。

ここに貴重な書が誕生することになりました。本書は「十言神呪」伝授の書と言ってもいいものです。「十言神呪」に真剣に取り組まれる方々にとりましては、本書の中より無限に実りを汲み取ることができるものと信じます。

目下、「十言神呪」の世界を詳細に語る『神界物語』の上梓に余念のない日々ですが、更に寿命を授かればいずれの日にか、花井先生のご遺志を継ぎ、本書『光る国神霊物語』の第二巻を上梓できればと思っています。現世への贈り物である玉手箱を開き届けたいと願うのです。

令和四年十月二十七日

はじめに〈改訂版〉

十言神呪《とことのかじり》が啓示され六十年になります。

十言神呪の言葉に触れ、すぐに理解できる方は少ないと思われます。この言葉は、「天行居《てんこうきょ》」の友清歓真《ともきよよしざね》先生から始まり、「生長の家《せいちょういえ》」の谷口雅春《たにぐちまさはる》先生に続く系譜に繋がるものです。

本書は、啓示が昭和二十八年八月下旬より翌年の二十九年一月の終了に至るまでの道筋を『光《ひか》る国神霊物語《くにしんれいものがたり》――大悟徹底《たいごてってい》の手引書《てびきしょ》』と題して、花井陽三郎《はないようざぶろう》が上梓したものの再版です。初版は昭和四十六年十二月ですので、上梓よりすでに四十年以上が経過しています。その『光る国神霊物語』を十言神呪の啓示六十年記念として当塾が出版するものです。

十言神呪は、門田博治《かどたひろし》と花井陽三郎《はないようざぶろう》が二人三脚でもって神様より賜わったものです。神懸《かんがか》りは門田、審神《さにわ》と記録は花井です。「十言神呪」が下《おろ》される道筋を記録者である花井がうるわしく記述されています。

前著は花井陽三郎の著作としてあります。しかし、二人三脚での結実であるので本書では門田博治、花井陽三郎の共著としました。

私は門田の最後の弟子ですが、花井には面識はありません。門田は生前に「本書に記述されている花井先生と私との性格はあべこべだ」と、またいつも「十言神呪は二十一世紀の宗教である」とも言っていました。二十一世紀になった今、公にすることができることを慶んでおられると思います。本書を手にしていただいた方々には人生観・世界観を新たにし、この世に生きる意味を見出し、喜びをもって力強く歩んでいただきたいと思います。

これだけを記《しる》したところで、十言神呪という新しい哲学が啓示される神々の導きの世界の物語に入って参りましょう。

平成二十五年十月二十七日　門田博治先生二十五年祭の日

三統義塾

石黒　豊信

【校正にあたって】

・前著にある花井の個人的な記述は省略した。また、門田は仮名で登場していたが本名に改めた。その他の人名、団体は本名であると思われるが、すでに半世紀以上を過ぎた今日であり、そのままとした。

・霊示、ご神示については、できるだけ全文を掲載するよう花井自身の下書きに沿い、ご神示の文章に加筆修正をくわえた。勝手につけ加えたのでなく本文に戻したということである。その際、〇〇の伏字に仮の言葉を入れることも考えたが、あえてそのままとした。

・著者の花井は国語の教師であり、ボキャブラリーが豊富で常用漢字以外の漢字を多く使用しているが、漢字はそのままとした。ひら仮名にできるところは直し、若干の送り字などを加えた。

・できるだけルビを振り、読みやすくした。また、「る丶」は「るる」に、「ます〳〵」などは「ますます」に改めた。

・『門田博治先生の思い出』、『法絲帖《ほうしじょう》』(上・下)などに引用されている文章もあり、字句に若干の異同があると思われるが、あえてそのままとした。

・読みやすくするために、空き行、また「　」の後の文章については、改行を加え、「　」と本文との区切りをはっきりとした。さらに、若干の体裁、あるいは改行を付け加えた。

・各章の最後の【注】は旧版のものである。編者の【注】は【編者注】、(編集注)とした。

【完全版にあたって】

・改訂版にあった伏字〇〇や（中略）などは左記の一部を除きすべて、ご神示に基づき原文を付け加えた。ただ、本　書に関係ない個人的な部分の数行は削除した。

・本書の顕字観法は、最初の頃の導きとして日々のご神拝と顕字観法が融合して記載されていた。この部分は「ご神拝」と「顕字観法」を切り離し、顕字観法のみを独立させた。また、観法としての形を整えるために、言葉の順序を入れ替えた個所もある。

・「十六、明神訣別」に、（神界語は略）として入れてある。神界語は、解読ができていないように思われる。したがって、ここには掲載も遠慮した。

・「十八、前世の消息」は原文が見当たらず、〇〇、××を戻すことができなかった。

・解説〈改訂版〉においても若干の修正・補足を加え、本文を読みやすく整えた。

（以上）

目次

一、相寄《あいよ》る魂《たましい》

昭和二十八年のことです。

ある高級神霊《こうきゅうしんれい》より直接神示《ちょくせつしんじ》を賜《たまわ》るとの予告《よこく》を得ていた私は、完璧《かんぺき》な受信態勢《じゅしんたいせい》を整えるために、正月は北陸のある聖地で行に入り、払暁《ふつぎょう》雪を踏《ふ》んで山上《さんじょう》に湧《わ》く清水《しみず》をかぶって禊《みそぎ》をしました。八月一杯は早朝禊して浜松総社の五社神社《ごしゃじんじゃ》に参拝し祝詞奏上《のりとそうじょう》、精神統一後は東天《とうてん》にさし昇る太陽を拝《おが》み、戦災《せんさい》で荒れ果てた神域《しんいき》を清掃しました。草一本抜《ぬ》くことによって、深層意識の業想念《ごうそうねん》を浄化《じょうか》しようとする念願からでした。

月末に近いころ、山陽道よりかつての道友門田博治《かどたひろし》先生が飄然《ひょうぜん》と訪《たず》ねて来ました。破《やぶ》れたシャツに汚《よご》れたズボン……文字通り尾《お》羽《は》打《う》ち枯《か》らした姿に、私は唖然《あぜん》として凝視《ぎょうし》しました。昭和十年私が「生長《せいちょう》の家《いえ》」に入信したころ、門田先生は「生命《せいめい》の実相《じっそう》」を反復《はんぷく》読んで共産主義より転向《てんこう》し、八年間の肺結核末期症状《はいけつかくまっきしょうじょう》より起《た》ち上《あが》り、光明《こうみょう》思想を獅子吼《ししく》した俊秀《しゅんしゅう》ですが、これはまた何とした変わり方でしょう？　事情を聞いてみますと、教祖谷口雅春《たにぐちまさはる》先生は「戦争は必ず勝つ」とあれほど喧伝《けんでん》したので、それを信じて挺身《ていしん》したのに、惨敗《ざんぱい》を喫《きっ》したため虚脱《きょだつ》状態に陥《おち》り、今は神様よりも金《かね》の時代と思って闇《やみ》商売に狂奔《きょうほん》し、一時は儲《もう》けたけれども、後の事業は「いすかの嘴《はし》」と食い違って失敗し、身の置きどころもなく流浪《るろう》しているというのです。

私は「天行居《てんこうきょ》」の友清歓真《ともきよよしざね》先生が「春風遍路《しゅんぷうへんろ》」に書かれた一節を想起しました。

アイルランドのある人が、動物園へ行って、是非《ぜひ》ライオンを見たいと申しました。ところが生憎《あいにく》ライオンは死んで、見せることができなかったので、標本《ひょうほん》にする予定でした。そのライオンの皮《かわ》をかぶって、ライオンになることを命ぜられたのは、カナダのバインヒル神学校校長マッキノン博士でした。博士は止むを得ずライオンの皮をかぶり、檻《おり》の中に入って仰天《ぎょうてん》しました。檻の片隅には一匹の獰猛《どうもう》な大虎が、今にも噛《か》みつかんばかりに睨《ね》めつけているのです。流石《さすが》の博士も恐怖心《きょうふしん》に全身をワナワナ顫《ふる》わせました。

熱心なキリスト信者であったマッキノン博士も、聖者イエス・キリストの如《ごと》く大死一番、十字架につく覚悟はできていませんでした。現象的生命《げんしょうてきせいめい》を惜しむ者は永遠の生命を失うと言うキリストの真理を、実践《じっせん》できなかった博士の悟りは、徹底したものではありませんでした。ところが、その時虎が申しました。

「心配せんでもいい。わしも人間だよ」

博士は唖然《あぜん》としました。虎は本物の虎ではなくて、人間だったのです。マッキノン博士はヤレヤレと胸を撫《な》でおろして、ライオンの皮をかぶりました。

今一つ、こんなことも書かれています。

イタリアのミラノ寺院にある名作「最後の晩餐《ばんさん》」を天才レオナルド・ダ・ビンチが描き始めたのは一四九五年でした。どんな名人でも、モデルが無いと画《え》は描きにくいものです。ダ・ビンチは最初キリストのモデルを捜し出すために苦心惨憺《くしんさんたん》しました。やっとのことで見付け出したのが、ある教会で讃美歌《さんびか》の歌手をしていた清純な青年でした。これこそ神の恵みと直感して、漸《ようや》くキリストを描き上げることができました。そのあと使徒《しと》ペテロをはじめとして、ヨハネ、マタイ、シモン等十一名はほとんど出来上がりましたが、キリストを裏切ったイスカリオテのユダのモデルがどうしても見つからず、長年放擲《ほうてき》したままになっていました。

ある日ダ・ビンチは場末の街角に坐って物乞いしている者達の中に、邪悪陰険な乞食《こじき》を発見し、金を与えて自分のアトリエに連れて来ました。さて、いよいよ画を描こうとしてこの男を凝視《ぎょうし》した時、彼は愕然《がくぜん》として絵筆を落しました。この乞食こそ十数年前キリストのモデルに使った歌手でありました。その後道楽に身を持ちくずしてスラム街を転々し、今眼前に「なれの果て」の醜《みにく》い姿をさらしているのです。

古今を絶する画聖レオナルド・ダ・ビンチですら、五官の感覚には大いなる錯誤《さくご》があるのです。世界的な名優ですら、朝《あした》にキリスト、夕《ゆう》べにユダに変貌《へんぼう》することは至難の技と思います。前の話は、実相と現象を端的に悟らせる好適な例話でありまして、人間の本霊《ほんれい》は神の分霊《ぶんれい》であり、本来完全円満、実相そのものでありますが、肉体と肉体心、幽体《ゆうたい》と幽体心等の現象は、やがて消え去るべき仮相《かそう》であることを暗示しているのであります。虎とライオンの皮を仮相、人間を実相と置き換えて考究《こうきゅう》すれば、誰でも悟れるはずであります。

後の話は有名な「ジキル博士とハイド氏」の小説を読まれればお分かりのように、人間は心の持ち方や環境などによって、いつでも神にも悪魔《あくま》にも変貌《へんぼう》し得ることを如実に示しているのでありま

村社冨士神社。浜松市中区助信町に鎮座　編者撮影

す。

私は懇意《こんい》な冨士神社《ふじじんじゃ》の吉田伊頭麻呂宮司にお願いして、境内の小屋を貸していただき、夜具や台所器具一切を整え、門田先生が自炊《じすい》できるように致しました。そのころ折よく金沢から「真理実行会」の本城千代子《ほんじょうちよこ》【注二】先生が来訪されましたので、私は門田先生を伴って法話を拝聴し、そのあと肉体にまつわる業障《ごうしょう》を神法によって浄化していただきました。

私は「生命の実相」を読んで以来、谷口先生を崇敬《すうけい》し、「三界《さんがい》は唯心《ゆいしん》の所現《しょげん》である」という横の真理をよく知っておりましたが、門田先生が神に背《そむ》いて金銭欲に走った原因は、単に門田先生の想念の所現ばかりでなくて、背後に強引にあやつる因縁霊があると直感しました。敗戦後亡くなられた御尊父は厳格几帳面《げんかくきちょうめん》な方ですから、因縁霊は祖父にあたる射倖心《しゃこうしん》の強い、何回

冨士神社境内にある小屋。無名庵、照月庵　編者撮影

も事業に失敗した方ではないかと考えました。その因縁霊が成仏できないために哀願《あいがん》の念波を送っているようにも思えましたので、私は自宅の御神前で特殊の供養を致しました。

二、龍神出現《りゅうじんしゅつげん》

いよいよ満願《まんがん》の日の九月一日が来ました。

私はいつもより早く起床して五社神社に参拝し、森閑《しんかん》とした社前に合掌して祝詞を奏上しましたが、突如としてあたりが白銀色《しろがねいろ》に輝き、全身は充電《じゅうでん》されたようにしびれて熱くなりました。ふと半眼を見開きますと、巨大な龍神の立ち去る姿がハッキリ映りました。

私はこの日より真剣に、門田先生の埋没《まいぼつ》されている霊能力が開発され、天命《てんめい》が全《まっと》うされますように祈りました。その甲斐あって、最初発現したのが自動書記《じどうしょき》現象でした。

九月十二日の朝まだき、門田先生は半無意識のまま鉛筆を握り、枕許《まくらもと》の紙片に長いながい詩を書きました。何ものかに書かされた自動書記でした。

私は勤務していた学校へ出かける前、門田先生に遇《あ》ってこの長詩を見て仰天《ぎょうてん》しました。

霊夢

私はこの夜
龍宮《りゅうぐう》の乙姫様《おとひめさま》から
先だって貰《もら》った玉手箱《たまてばこ》を
あけて見たいと思いながら
久方《ひさかた》ぶりで
安らかな眠りに就《つ》いた
何時間まどろんだのか
知れなかった
……と
美しい澄み切った男の声で

しきりに
私の名《な》を呼《よ》ぶのが聞えた
「谷口先生！」
私は思い出した
谷口雅春先生の
特徴《とくちょう》のある御声に違いなかった
私は床《とこ》を抜《ぬ》け出し
急いで身じまいすると
暗闇《くらやみ》の戸外へ出た
また
私の名を呼ばれるのであったが
お姿は何処《どこ》にも見えなかった
私はひかれるように
声の方へ一目散《いちもくさん》に走った
と……
暫《しばら》く声はやんで
闇《やみ》の中にランランたる光を放つ

二つの光輪《こうりん》が並《なら》んでいる
声はその下から聞えるのであった
私はその光輪に近づくや
思わず五六歩退いて佇立《ちょりつ》した
全身の毛は一度に逆立《さかだ》つのであった
それは巨大なる
白龍の眼であった
その巨口《きょこう》は一間《いっけん》に余り
神気《しんき》はしょうしょうとして流れ
無数の歯は上下に並んで
私を呑《の》まんばかりの姿勢であった
「こちらへ来なさい！」
驚いたことに先生の声は
白龍の口の中から
聞こえるのであった
「……」
私は言葉なく佇立し

全身の知覚が消えて行くのを感じた
見よ！
白龍は徐々《じょじょ》に近づき
巨口《きょこう》は私を呑《の》まんとして
迫《せま》って来る
既《すで》に私は
肉体の自由を失っている
正に喪身落命《そうしんらくめい》！
その刹那《せつな》
私は半生の記憶が
脳裡《のうり》に走馬燈《そうまとう》の如く
走り去るのを覚えた
とりわけ
最愛の妻の顔が
チラックのであった
このたび家を出る時の
妻のは・な・む・けの言葉を

想い出したのであった
「あなたが得道《とくどう》されるまで
私は此《こ》の苦難《くなん》を超《こ》えて行きます
けれども
それには限度があります
どうか今度こそは
必ず道に生きるあなたとして
再生して下さいませ」
私達は水盃《みずさかずき》を交して別れた――
八月二十一日であった
私には後退する道が
一本も残されていなかった
妻の真心《まごころ》は今
私の心に生きて
一大勇猛心《ゆうもうしん》と化《か》すのであった
私は瞑目《めいもく》合掌
呼吸を止めて

白龍の口中に身を挺《てい》した！
私は一時気絶していたようであった

私が目醒《めざ》めた時
浄闇《じょうあん》の中の
広々した草原に
仰臥《ぎょうが》している自分を見た
私は飢《う》えを訴《うった》えていたが
あたりに一滴《いってき》の水も
ある様子は無かった
あまつさえ
私の全身は
白龍の神気に打たれたためか
微塵《みじん》の自由もきかなかった
大龍は何処《どこ》かへ消えていたが……

「谷口先生！」

私は精一杯の声で叫んだ
叫んだつもりであったが
蚊《か》よりも
弱々しいものであった
私はただ
茫然《ぼうぜん》たるのみであった
それはなきがらの如く
虚無《きょむ》の世界を彷徨《ほうこう》している
「雪山《せっせん》の半偈《はんげ》」
「捨身餓虎《しゃしんがこ》」
と思い浮べても
すでに
何の感興《かんきょう》も起らなかった
それは
諦《あきら》めの世界であった
もはや私にとって
五欲《ごよく》のほむらは消え落ちて

悲しい消しがらの醜《みにく》さが
取残されているばかりであった
私はうつろな眼《め》を
静かに閉じて
涅槃《ねはん》の到来《とうらい》を静かに待っていた――

と……

静かな人の気配《けはい》を感じた
誰か私の側《そば》に坐《すわ》って
穢《けが》れ切った私の肉体を
なでながら潔《きよ》めをし
虚脱《きよだつ》した力を甦《よみがえ》らそうとしている
その優しい人は
一体誰であろう……?
「口をおあけなさいな」
優しいやさしい女神《めがみ》の声であった
反射的に口を開くと

「生命の水ですよ」と言って
私の口に垂《た》れてくる
その水の美味《おい》しさよ！
水気はやがて全身に伝わり
少しずつ
力がよみがえって来るのであった
「かくも私に親切をつくされる
あなたは一体どなた様です?」
「木花咲耶姫《このはなさくやひめ》」
麗《うる》わしい清澄《せいちょう》な声は答えた
懐《なつ》かしい御声《みこえ》であった
印象深い声音《こわね》であった
それは本城千代子《ほんじょうちよこ》先生の御声に違いない
「本城先生でしょう?」
私は感激に顫《ふる》えながら叫《さけ》んだ
「木花咲耶姫！」と
その麗わしい声は繰返すのみであった

「地上の全人類の間に
絶対平和が成就し
神様の恵みが
万朶《ばんだ》の桜のように
一切処《いっさいしょ》に花咲くまで
愛と救《すくい》の道を示すために
遣《つか》わされた者です」
凛然《りんぜん》たる御声であった

徐々《じょじょ》に生気をとり戻した私の網膜《もうまく》に
白衣《はくい》の
いと臈《ろう》たけたる天女《てんにょ》の姿が
おぼろに浮んで来た
「ああ本城先生!」
私の叫びを聞いてその姿は
彼方《かなた》へ遠去《ざ》かって行く……
「私はどうすればいいんですか?」

「私についていらっしゃい」

「何処《どこ》まで?」

「神の国!」

私は完全に甦《よみがえ》った

肉体を駆《か》って
遅れじと白衣の跡《あと》を追った
広い草原を真直《まつすぐ》によぎった
と……
その草原の涯《はて》は
底知れぬ谷へ
断崖《だんがい》となって切立っていた
白衣は何の遮《さえぎ》るものもなく
此の断崖を越え
彼岸《ひがん》へ向っている
「待って下さい
行く道が無いのです!」

私は叫んだ
「ただ真直に来ればよいのです」
と、白衣は答えた
「全然《ぜんぜん》道が無いのです
どうか道を作って下さい！」
「あなたの生命を
あなた一人のものと
区切ってはいけません！」
「私のいのちは
既に私のものではありません」
「そう。では……
あなたの足もとを御覧《ごらん》なさい！」
その時
断崖《だんがい》の先端《せんたん》に立って
脚下《きゃっか》を眺《なが》めると
四条《よんじょう》の
立派なエスカレーターの橋が

遥《はる》か彼岸《ひがん》まで
いつの間にか出現《しゅつげん》している
私は躊躇《ちゅうちょ》することなく
その動く橋に飛び乗った
途端《とたん》！
今まで滑《なめ》らかに動いていた橋が
急に故障《こしょう》でも起ったかの如く
停止するのであった
第二の橋へ――
第三の橋へ――
第四の橋へ――
私が乗換《のりか》える度毎《たびごと》に
その橋は止るのであった
慌《あわ》てて上を見上げる
空中《くうちゅう》に
巨大なガラス製の運転台がかかっていて
白髪《はくはつ》の老人が

ハンドルを握《にぎ》っていた
「どうして止《と》めるのですか?」
私は腹《はら》を立てて尋《たず》ねた
「乗車賃《じょうしゃちん》を忘《わす》れているでしょう?」
老翁《ろうおう》は答えた
「ああ……それがいるのですか?」
私は本当にハタと困《こま》った
金銭《きんせん》は何一つ身につけていない……
「金《かね》はいらんのじゃ」と
老翁は言う
「何を差上げたらいいのですか?」
「誠《まこと》」
「……?」
「誠だけでいいのじゃ」
「もっと具体的に教えて下さい!」
「じゃあ、
そなたはあの断崖の先端に立って

禊《みそぎ》すればいいのじゃ！」
「しかし……禊しようにも
水一滴《いってき》無いじゃありませんか？」
「禊は水行《すいぎょう》ではない
身削《みそ》ぎじゃよ
そなたの身体から
先ず眼球《がんきゅう》を
それから視神経《ししんけい》を
知覚器官《ちかくきかん》……知覚神経と
次々はずして行き
最後に脳髄《のうずい》を取りはずしてしまうのじゃ」
「それでは私は何もなくなる」
「そうじゃ！　無くなるのじゃ
併しじゃ、空無《くうむ》になってしまうのではない」
「……？」
「そなたが空無と思う瞬間《しゅんかん》
実相《じっそう》のそなたが光芒《こうぼう》を帯《お》びて

聳立《しょうりつ》するのじゃ」
「……？」
「この谷《たに》は何という名の谷か
知っちょるかな？」
「知りません」
「無門関《むもんかん》……無門関と言うのじゃ」
「よく分かりました」
あなたの御名《みな》は……？」
「谷神《こくしん》！」【注二】
「分《わ》かりました。ではまたの名は
七《なな》つの燈台《とうだい》の点燈者《てんとうしゃ》……」
「そうじゃ」
私は天涯《てんがい》に立って
大いなる霊《れい》の禊《みそぎ》を了した
谷神《こくしん》の許しを得て
エスカレーターの橋に
乗ることができた

谷神曰く
「この四条のエスカレーターは
四大道《したいどう》なのじゃ！」
「分かりました
有難《ありがと》うございました」
忠《ちゅう》——
孝《こう》——
敬神《けいしん》——
崇祖《すうそ》——

四大道のエスカレーター橋は
何のさわりも無く
スムースに動き出した
浄闇《じょうあん》のとばりは徐々《じょじょ》に消えて
夜明けが近づいた
不思議や
四大道の橋は消え失《う》せ
一本の広い大道が

無限《むげん》の彼岸《ひがん》まで伸《の》びている
そこは大悟徹底《たいごてってい》の彼岸であった
元津祖霊《もとつそれい》の世界につながる
大道《たいどう》であった――

時は来た
茜《あかね》さす東雲《しののめ》のもと
今――
真紅《しんく》の太陽は
東天《とうてん》に燦然《さんぜん》と昇ろうとしている
その円相《えんそう》は
すべての人々の心に
調和《ちょうわ》を与えるみすまるの珠《たま》であり
その匂《にお》いは
生きとし生けるものを一様《ひとつら》に
いとしみ給う慈母《じぼ》の愛であり
その光は

至上《しじょう》の真《しん》と
至上の善《ぜん》と
至上の美《び》を
端的《たんてき》に示す道標《どうひょう》である
私が長い永い間《あいだ》
生れ更《かわ》り死に更りしたその太初《はじめ》に
神様の尊《とうと》い生命を
分けて頂《いただ》いた瞬間《しゅんかん》から
捜《さが》しに捜《さが》し
求めに求めていたものが
今眼前に展開しようとしている
その珍《うず》なる
その妙《たえ》なる
その貴きもののすべてを
大神は指《ゆび》さし示し給《たま》い
「これらのもの悉《ことごと》く
汝《なんじ》の生れし前より

汝に与えられし
汝自身のものなり」と
宣《のたま》うのであった
私は初《はじ》めて
すべてのもの
すべてのことの
真価《しんか》を知った喜びが
心の奥底深くより
コンコンと尽《つ》くることなき
泉となって湧《わ》き出て来た
私自身が
こんなにも価値ある
こんなにもやんごとなき
尊貴《そんき》ない・・・いのちそのものであることを
悟《さと》ったためなのであろう
喜びはやがて涙《なみだ》となり
涙はやがて感謝となり

無限果《はて》しなく拡《ひろ》がって行く
と……
いづこともなく
嚠喨《りゅうりょう》たるオーケストラが
聞えて来た
耳をすますと
モーツァルトのミニュエットであった
間もなく心のスクリーンに
いとも香《かお》り高き
芸術映画が映写《えいしゃ》された
画面のヒーローは
私自身であり
私の過去の苦悩《くのう》が
そのストーリーであった
やがて私の全身は
ワナワナ顫《ふる》え
全細胞《さいぼう》悉《ことごと》くが緊張《きんちょう》し

力そのものと化した
一大勇猛心《ゆうもうしん》が
不退転《ふたいてん》の信念《しんねん》となり
電動機《でんどうき》と化した
進め！
進め！
進め！
私は雀躍《じゃくやく》して
前方《ぜんぽう》の坂をくだった
ひた走りに走った
そこは
太陽の輝《かがや》く
花の高原であった
赤・青・黄・紫……
百花繚乱《ひゃっかりょうらん》
今を盛りと咲き誇《ほこ》っている
私は太陽に向って

まっしぐらに駆《か》けて行く――
そこは真理の
無礙《むげ》の大道《たいどう》であった

【注一】本城千代子先生は九州長洲《ながす》の生神様《いきがみさま》と言われた松下松造翁《まつしたまつぞうおう》の門人であり、翁の昇天後四大道の実践を熱心に説かれ、宗教法人「真理実行会」を創立する。詳しくは心霊研究の先駆者小田秀人先生著「山上の清水」を参照されたい。

【注二】「谷神《こくしん》」に関しては五井昌久《ごいまさひさ》先生著『老子講義《ろうしこうぎ》』に「谷神とは万物生成の神であり、老子流に言えば、万物生成の原理――即《すなわ》ち道である」と説かれている。

三、神姿《しんし》を拝《おが》む

数日後門田先生が深夜目醒《めざ》めると、身体が掛蒲団《かけぶとん》を掛けたまま、五十センチくらい宙《ちゅう》に浮いているのです。御嶽教《おんたけきょう》の行者の中には坐蒲団《ざぶとん》を敷《し》いたまま天井《てんじょう》近くまで飛上る人がありますが、門田先生は哲学や物理学が好きで、霊異《れいい》現象は否定していたので、この事実には流石《さすが》驚いたようでした。戸を開いて森閑《しんかん》とした境内に出てみると、月夜でもないのに、物の明暗がハッキリ浮彫りされ、薄雲《うすぐも》の上に満月が輝いているほどの明るさなので、胆《きも》を奪《うば》われ、見上げると、高い松の木の前に曲りくねった杖《つえ》を持たれた神様が出現し、威厳《いげん》のあるまなざしでジーッと見凝《みつ》めていらっしゃるのです。お姿は鎌倉の大仏様がお立ちになったほどであったので、思わず合掌礼拝したそうであります。後ほどその御神姿は底津綿津見《そこつわたつみの》大神様であることが判明《はんめい》しました。

また私と門田先生は九月に入ってからも、引続き五社神社の朝の参拝と清掃を実行しましたが、それを知った「生長の家」や「真理実行会」の信者達がこの行事に加わり、五社神社の吉田博吉宮司はリーダー格になって、祝詞《のりと》を奏上《そうじょう》し世界の平和と人類の弥栄《いやさか》を祈願されることになりました。九月十七日の朝、門田先生は自動書記で「朝の集《つど》いを讃《たた》える歌」を書きました。

一、千早振《ちはやふ》る　神のみ前に
朝なあさな　つどうはらから
ひたぶるに　誠《まこと》つらぬき
暁《あかつき》の　宮居《みやい》の森に
こだまする　太祝詞事《ふとのりとごと》

二、東雲《しののめ》の　匂《にお》い妙《たえ》なる
おろがみて　待《ま》つや待たずや

天地《あめつち》の　開《あ》ける音《おと》して
朝日影《あさひかげ》　昇り給《たま》うや
万象《よろづ》みな　生気《いぶき》に満《み》てり

三、おのもおのも　鍬《くわ》をかかげて
打《う》ちおろす　大地《だいち》を見よや
吾《あ》が足を　支え給《たま》いて
御祖神《みおや》みな　鎮《しず》まり給う
この土の　恵み果《は》てなし

四、相集《あいつど》う　同胞《はらから》のみな
いきいきと　生命《いのち》は生きて
歓喜《よろこび》は　み空に高く
ひろがりて　四方《よも》の国々
巌根《いわね》なす　平和は開く

五、讃《たた》えよや　神の御業《みわざ》を
伝えやは　神の御旨《みむね》を
真理《まことなるもの》を　実行《つらぬ》き
いと安き　平和成《な》るまで

続けなむ　いのちの限り

続いて、九月十九日、「生長の家」の神想観《しんそうかん》や「如意宝珠観《にょいほうじゅかん》」等に次ぐ「顕字観法《あじかんぽう》」が伝授されました。これは「十言の神呪」（アマテラスオホミカミの御名奉唱）の第一の観法であります。

四、顕字観法《あじかんぽう》

【朝の祈り】　二礼二拍手

禊祓詞《みそぎはらいのことば》奏上　二拍手二礼
大祓詞《おおはらいのことば》奏上　二拍手二礼
善言《よごと》奏上
天照大御神《あまてらすおほみかみ》（善言）　四拍手一礼
大国主命《おおくにぬしのみこと》（善言）　二拍手一礼
天津神　少彦名命《すくなひこなのみこと》　住江大神《すみのえのおほかみ》
国津大神　大山祇命《おおやまづみのみこと》　熊野坐大神《くまぬにますおほかみ》　並《なみ》

これの土地《ところ》を領《うしは》き治《しろし》めします○○神社と称《たた》へ奉《まつ》る産土大神《うぶすなのおほかみ》をはじめて
全国津々《つづ》浦々《うらうら》の産土大神《うぶすなのおほかみ》たちを礼拝《らいはい》し奉《たてまつ》りて（善言）（十言神呪を早口で三十三回）

二拍手二礼

二礼二拍手

【顕字観法】

顕字神咒　朗唱

　天照らすみおやの神のみすまるの　いのち射《い》照らし宇宙《くに》静かなり（二回）

十言神呪（天照大御神の善言を　早口で十回）　四拍手

守護神招請　吾が厳《いつ》の神（早口で八回）　二拍手

主宰神　天照大御神　善言奏上　四拍手

顕字神呪　黙唱（二回）

『誓いの言葉』　合掌

大神様

今朝《けさ》目を醒《さ》まさせていただきましたことは、今日《きょう》こんにちを強く正しく明るく生きよとの御旨と拝承《はいしょう》致しまして、深く感謝させていただきます

今日新しい生命《いのち》と新しい心と新しい身体《からだ》をいただき、また新しい太陽と新しい光と新しい空気

と新しい水とをいただきましたことに対し、無限の感謝を持たせていただきます

天照大御神　黙唱

大神様が宇宙創造の神であり、宇宙に遍満《へんまん》して居《お》られる根源の御力と信じさせていただく私の心を、今日一日行在所《あんざいしょ》として行幸《みゆき》いただき、御力によって強く正しく明るい一日を送らしていただきますよう、特にお願い申し上げます

天照大御神　黙唱

つきまして、今日一日次のことを必ず実行致しますことを誓《ちか》わせていただきます

一、今日私にあてがはれます食物《たべもの》のすべては、神様からいただきました私にとって最善《さいぜん》のものと信じまして、必ず有難く頂戴《ちょうだい》致します

二、今日遇《あ》いますすべての人は、神様の特に遣《つか》わされた御子《みこ》として必ず尊敬させていただきます

三、今日私が命ぜられたり頼まれたりするすべての仕事は、神様の勅命《ちょくめい》なりと信じまして、必ず喜びを以て忠実に実行させていただきます

四、今日出遇《であ》うかも知れない悪いこと、悲しいこと、困ったことは、すべて神様の一層大きい愛のお計《はか》らいと信じまして、必ずその事柄《ことがら》の奥なる善《よ》きものを見付《みつ》けて、感謝させていただきます

五、今日一日こそ愛の言葉、明るい顔に終始《しゅうし》し、暗《くら》い顔、悪《あ》しき言葉を絶対に止めさせていた

だきます

六、一日の苦労《ろうく》は一日にて足《た》れり、今日一日は昨日までの苦しみ、明日からの不安を絶対に忘れさせていただきます

七、今日一日は一生に二度と来ない、千載一隅《せんざいいちぐう》、一期一会《いちごいちえ》の好日《こうじつ》と思わせていただき、一秒一秒をいのち一杯に生き抜かせていただき、今日できることを決して明日に延《のば》しません

天照大御神　黙唱

天皇陛下　皇太子殿下　有り難うございます

今ここにお導きいただきました恩師の先生方　有り難うございます

〇〇家ご先祖　親族　有り難うございます

有縁無縁《うえんむえん》のすべての人々　有り難うございます

今日一日を全心全霊をあげて、神様に奉仕させていただきますよう、何卒《なにとぞ》お守り下さいませ。

有難う御座います。有り難うございます

題字神呪　黙唱（二回）

天照大御神　善言　四拍手

守護神　御礼　二拍手

十言神呪（天照大御神　早口に十回）　四拍手

誠字神呪　朗唱（二回）　二拍手二礼

【夜の祈り】

【朝の祈り】と同様

【反省の言葉】　二礼二拍手

天照大御神　善言奏上　四拍手

『反省の言葉』　合掌

大神様

今日一日をつつがなく過ごさせていただきましたことを、涙《なみだ》と共に感謝致します

今日は一生に一度の好日でありましたにも拘《かかわ》らず、誠《まこと》の足《た》りないため、今朝の誓《ちかい》を十分《じゅうぶん》に実行することができませんでした

暫《しばら》く反省させていただきます

七項目　順次《じゅんじ》反省

今日の不出来《ふでき》は何卒《なにとぞ》ご寛容《かんよう》下さいませ。明日こそは、生命《いのち》の限り必ず実行させていただきます。

何卒明日も本日に劣らない千載一遇《せんざいいちぐう》の好日をお与え下さいませ

天皇陛下　皇太子殿下　有り難うございます
諸々の先生　恩師　有り難うございます
〇〇家ご先祖　親族　有り難うございます
有縁無縁《うえんむえん》のすべての人々　有り難うございます
どうぞ安らかな眠りを賜りますようお願い致します

二礼四拍手一揖

【編者注】善言を唱えるには、顔の正面に両手で印（手印）を作り唱えます。その印の作り方については、その時々において大神様や明神さまより賜わっています。

この顕字観法においては主祭神である天照大御神の御印を作り「十言の神呪」（善言）を奏上します。朗唱には一息に一回でゆっくりと十回を唱えます。この時の御印を「顕字印《あじいん》」と称しています。顕字神呪を朗唱したり黙唱する時もこの御印です。

また、「十言の神呪」の唱え方には朗唱の他に早口で十回唱える場合と、早口で三十三回唱える場合があります。

御印の作り方を述べます。合掌をした両手を少しずらし、左小指、右小指、左薬指、右薬指、左中指、右中指、左人差し指、右人差し指、右親指、左親指の順にします。ですから、左手の人差し指と親指の間に、右手の人差し指と親指が挟まります。ここで両手の指を折り曲げ「握り拳」を作りますと少彦名命の御印（少名印《すくないん》）になります。ここで、両手の人差し指を立ててその腹を合わせますと、顕字印《あじいん》です。人差し指と中指の二本の指を立てて腹を合わすと住江大神の御印になります。住江大神は誠字観法の主宰神ですから誠字印《まじいん》といいます。顕字観法の最後に朗唱する誠字神呪はこの御印で唱えます。

大国主命の御印は、九十九頁にあります。善言には開印を使います。

御印の名称は当洞が称するものです。両指でしっかりと握り、両肘はやや張ると唱えやすいでしょう。また、二百二十九頁の図を参照してください。

五、狂瀾怒濤《きょうらんどとう》

ある朝門田先生は私に、

「重大な御神示《ごしんじ》があった」と囁《ささや》きました。

「来る十六夜《いざよい》の月の夜、大祓祝詞《おおはらいのことば》百巻奏上後、程近《ほどちか》き浜辺にて禊《みそぎ》を了《りょう》し、あくる朝まで伊勢神宮《いせじんぐう》に向かって正坐《せいざ》合掌し、『十言《とこと》の神呪《かじり》』を連続奉唱《ほうしょう》すべし」。

その「十言の神呪」と言うのは、十《とお》の言霊《ことだま》であって、「天照大御神」の御名《みな》を奉唱《ほうしょう》することなのだと言うのです。

早速カレンダーを調べてみますと、陰暦《いんれき》十六夜は奇《く》しくも陽暦《ようれき》の九月二十三日——正しく秋季《しゅうき》皇霊祭《こうれいさい》の夜にあたるのです。私は恐惶襟《きょうこうえり》を正す思いでした。

水泳の下手な門田先生に、正しい海の禊を指導するために、二十一日の夜は自転車に乗って、遠州灘《えんしゅうなだ》の中田島海岸に案内しました。この海岸には鳥取の有名な大砂丘に次ぐ砂丘があり、映画撮影にも利用される景勝《けいしょう》の地なのです。ところが、浜の松林に近づくころ門田先生はハンドルを切りそこねて泥田《どろた》の中へ転倒《てんとう》しました。不吉な予感がサッと私の頭に閃《ひらめ》きました。自転車は松林の中へ置いて、波打際《なみうちぎわ》まで歩く距離が七百メートルくらいあります。小手調《こてしら》べのため私だけが素裸《すはだか》になって、海へ飛び込みましたが、斜めに沖《おき》の方へ身体がぐんぐん引かれて行くのです。遠州灘《えんしゅうなだ》は玄海灘《げんかいなだ》に劣らぬ荒海で、特にこの中田島海岸は、打寄せる波が一か所に集まり、物凄《ものすご》い急流となって沖合《おきあい》へ引いて行く難所が多いのです。これを俗《ぞく》に「だし」といいますが、この「だし」に引っかかって溺死《できし》する者が多いので、「水泳禁止区域」に指定されていました。私は水泳では自信がありましたが、この難所で門田先生が禊することは不可能であるし、危険極《きわ》まりないと思いました。そこで次の夜は、そこより一里《いちり》西方の米津浜《よねづのはま》に案内し、割合遠浅《とおあさ》な場所を選んで禊しました。

いよいよ指定された秋分の日、私達は暗いうちに起きて、富士神社《ふじじんじゃ》の御神前で大祓祝詞を連続二時間あまり奉唱しました。流石《さすが》に声は嗄《か》れ、門田先生の霊的コンディションが悪くなりました。そのため一応打切って休養し、軽い朝食をすませ、気分を一新《いっしん》するために、天龍川添《ぞ》いに二十キ

米津の浜にて。左が門田博治氏、右は加藤隆康氏

ロメートルさかのぼって椎ケ脇《しいがわき》神社に向かいました。ここは征夷大将軍《せいいたいしょうぐん》坂上田村麻呂《さかのうえのたむらまろ》が東征《とうせい》のみぎり、天龍川《てんりゅうがわ》の氾濫《はんらん》のため駐屯《ちゅうとん》し、神宝《しんぽう》を頂いたという故事《こじ》に由縁《ゆかり》あるお宮《みや》です。急な石段を登って松林《まつばやし》に入ると、俄然《がぜん》大粒な雨が降り出しました。空には黒雲《こくうん》が低迷しています。足を早めて社内に入るや否《いな》や沛然《はいぜん》たる驟雨《しゅうう》の来襲《らいしゅう》です。小憩《しょうけい》の後、御神前に礼拝して祝詞を奉唱し続けましたが、門田先生はしきりに「龍神《りゅうじん》が見える、龍神が見える」と言いました。約二時間後、雨が小降りになってきたので、祝詞を中止し、外に出ると意外にも青空が見え、サッと陽《ひ》の光が射《さ》しました。私達は浜松に引き返し、さらに六キロメートル南の米津浜に向かいましたが、夕陽はまったく沈み、大空には怪《あや》しげな黒雲《こくうん》が去来《きょらい》します。私達は砂丘をいくつも越え、足のめり込む砂原《すなはら》を、自転車を引きずりな

がら歩きましたが、漁夫達は台風襲来《しゅうらい》を避《さ》けて、船は山の蔭に隠してありました。この夜は浜松地方に甚大な被害を与え、惨《さん》たる爪痕《つめあと》を残した十三号台風襲来《しゅうらい》の前夜でしたから、波打際《なみうちぎわ》に来て見て驚きました。台風は陸より海の方が過敏性です。前夜安全と思って禊した現場は見る影もなく荒れ果て、天地晦冥《かいめい》、狂瀾怒濤《きょうらんどとう》天に冲《ちゅう》し、耳を聾《ろう》せんばかりの潮騒《しおさい》は凄《すさ》まじい限りでした。海は狂人であり魔物です。流石《さすが》負けず嫌いで、猪突猛進《ちょとつもうしん》型の門田先生も、茫然《ぼうぜん》息を呑みました。やがて、「エイッ！」という気合もろとも門田先生は素裸《すっぱだか》になって海に突進しました。遅れじと私も慌てて服を脱いでその後を追いました。ところが門田先生は崩《くず》れかかる大浪に呑《の》まれて姿を消しました。「アッ！」と思う一瞬《いっしゅん》でした。白いはずの波頭《はとう》さえ分からぬ真の闇《やみ》です。それでも漸《よう》く漂《ただよ》う裸体《らたい》を発見し、私はホッと安堵《あんど》の胸をなでおろしました。

「死んでしまったら、誰も私の弁解《べんかい》を信ずる者がないであろう。警察で自殺幇助罪《じさつほうじょざい》の罪を問われるかもしれない」そんな疑懼《ぎく》が私の頭をかすめました。私は門田先生を救い上げ水を吐《は》かせるとともに応急処置を講じました。漸《よう》く平静を取り戻して、小高い処《ところ》に登ったところ、門田先生は、「あんな処に汽船《きせん》の火が見える」と言って遥《はる》か沖合《おきあい》を指さしました。けれども水平線よりもズッと上空であるし、汽船の火ならば動く筈《はず》です。試みに棒を立てて観測してみたところ、汽船の火でないことが判明しました。それは星より遥か大きな火でしたので、後日、神様に伺ったら御神火《ごしんか》であると仰《おお》せられました。私達は砂丘に並んで正坐し、遥《はる》か伊勢神宮に向かって礼拝し、大祓祝詞の百巻行《ひゃっかんぎょう》を続けた後「十言の神呪」の奉唱に移りました。

懐中電灯《かいちゅうでんとう》がないので時間は分かりませんが、深夜《しんや》の十一時ころ、門田先生は突如西南の空の彼方《かなた》を示して、「あの黒雲の中から、大きな龍神が現《あら》われた。アレアレよく見えるでしょう。背中《せなか》には神様が乗っていらっしゃる」と申すのです。よく見ると御神姿は拝めませんでしたが、黒雲を出没《しゅつぼつ》する龍体を認めることができました。そのうちに「十言の神呪」を唱《とな》えている門田先生の声が小さくなり途絶《とだ》えました。よく見ると、今まで見たこともない特殊の手印《しゅいん》を組んで、神懸《かんがか》り状態に入っています。私はひそかに用意した巻紙《まきがみ》と鉛筆《えんぴつ》を取出しました。突然荘重《とつぜんそうちょう》な神示《しんじ》が、門田先生の口から流れ出ました。

神　示（昭和二十八年九月二十三日）

我は、住江大神《すみのえのおほかみ》なり。

あな楽しや、花井《はない》の陽三郎《ようざぶろう》
汝《なんじ》の守護神《しゅごじん》は黒金龍神《くろがねりゅうじん》にして、本日鎮護《ちんご》、我《われ》を迎《むか》えに参《まい》りし龍神《りゅうじん》なり。

九月一日、汝の守護神として定《さだ》まりしものなり。礼拝《らいはい》すべし。

只今授《ただいまさず》けし印綬《いんじゅ》により汝ら十月中に多くの同志《どうし》を得《う》べし。十二月中に百人の同志を得べし。

花井の陽三郎に告《つ》げん。

汝ら二十九年一月三日、六甲山《ろっこうさん》摩耶山《まやさん》の弁財天《べんざいてん》に参《まい》りて、我《わ》が神韻《しんいん》を受けよ。世界救済大経宣《だいきょうせん》布《ぷ》のさきがけなり。

印綬《いんじゅ》と石神堪当《いしがみがんどう》により病者《やまいのもの》を救うべし。立ちどころに快癒《かいゆ》すべきものなり。石神堪当は来る十月一日汝らの館《やかた》にて教うるものなり。十月一日午後十一時、汝ら斎戒沐浴《さいかいもくよく》して静かに時の至《いた》るを待つべし。

十言の神呪誦《じゅ》すべし。

二霊神、汝らに協力せん。

タケシツカサ明神
アキヒイラギ明神
この二人の明神は少彦名命《すくなひこなのみこと》のもとにおいて、偉大なる修法《しゅほう》を完成し、高天原《たかあまはら》において霊力《れいりょく》第一と認められし者なり。汝らのために百ケ日の間協力《あいだきょうりょく》せん。

十月一日、二人の霊神《れいじん》汝らに相《あい》まみえしめんとす。一昼夜斎戒沐浴《さいかいもくよく》して、汝らの館《やかた》にて待つべし。


今より「十言の神呪」を汝らに解明《かいめい》せんとす。汝ら第一の神呪は、既に知れるところなり。我、昭和十一年二月二十六日朝、谷口雅春《たにぐちまさはる》に与えしものなり。

天照《あまて》らすみおやの神《かみ》のみすまるの　いのち射照《いて》らし宇宙静《くにしず》かなり

これ、第一の神呪——顕字《あじ》の神呪なり。

本日、第二の神呪——誠字《まじ》の神呪を与えん。


まることは大《おお》きさざめの極《きわ》みなり　まこと開《ひら》きてきわみなきなり

汝ら、誠字の神呪をつらつら考《かんが》うべし。

宇宙天然自然の実相は妙《たえ》なるものにして、汝ら山に雲を見、海に波を見る時、悟《さと》るべし。

第三の神呪——用字《てじ》の神呪は、十月一日の夜、汝らに与えんとするものなれば、誠字《まじ》の神呪をよくよく考えおき、汝らの信念《しんねん》としたるものを書きて、我に供《そな》えおくべし。

我、これを嘉《よみ》すれば、第三の神呪を汝らに与えることを約定《やくじょう》すべし。

誠字の神呪は宇宙の神韻《しんいん》を道破《どうは》せし神諦《しんたい》なり。

汝らの想像せし通り、龍宮《りゅうぐう》の多宝《たほう》ことごとく汝らに与えん。最高最貴のものの一つが即ち誠字の神呪なり。汝ら人を救い、汝ら自身を救うべし。

西方より十一度四十八分南にある彼と連絡すべし。彼は大経宣布《だいきょうせんぷ》、第一の功績者なり。本日より三日間にわたりて、彼に霊夢を与えおくべし。汝ら十月一日の夜、汝らの得たるものを記して彼と連絡すべし。

神示《しんじ》が終わると、門田先生はバッタリ前に倒れ、気息奄々《えんえん》、脈搏《みゃくはく》は微弱になり、今にも昇天《しょうてん》するかと怪《あや》しまれました。私は有名な物理《ぶつり》霊媒《れいばい》亀井《かめい》三郎《さぶろう》氏の審神者《さにわしゃ》となって、三年間心霊実験に立会った経験がありますので、かかる場合の応急処置《おうきゅうしょち》を心得ていました。長時間無心となって、神霊の啓示《けいじ》を受けた後は、エクトプラズムを消耗《しょうもう》するため、マラソン選手が最後テープを切って昏倒《こんとう》するほどエネルギーを失うものなのです。台風の先駆《さきがけ》として時折来襲《らいしゅう》した驟雨《しゅうう》のため濡《ぬ》れている服を脱がせ、暖《だん》をとることが必要でありますが、乾《かわ》いた木片もなく、マッチもありません。止《や》むを得《え》ず、ある秘法《ひほう》を用いて門田先生の生気《せいき》がよみがえるのを待ちました。

元気を取戻《とりもど》すと、私達はさらに伊勢神宮に向かって「十言の神呪」を唱え続けましたが、丑満《うしみつ》時、門田先生は再び神懸《かんがか》りして、第二の神示《しんじ》を受けました。

神　示（翌朝三時ごろ）

我は住江大神なり。

汝らに告《つ》ぐ。

幽界主宰《ゆうかいしゅさい》の大神、大国主命《おおくにぬしのみこと》を礼拝すべし。

汝らは祖先、父母を縁として生れし者なれば、大国主命の御加護なくして、祖先に対し誠《まこと》を捧《ささ》ぐるの道なかるべし。よくよくわきまえおくべし。

汝ら、汝らの子の父となれるも、大国主命の偉大《いだい》なる御加護に依《よ》るものと知るべし。

汝ら、この世に生《せい》をうけしは、その本《もと》の本《もと》たる天津神《あまつかみ》の詔《みことのり》なること、もとよりなれども、国津《くにつ》神《かみ》大国主命の大いなる恩寵《みたまのふゆ》によるものなれば、心より感謝すべきものなり。

汝ら、さらに少彦名命《すくなひこなのみこと》を礼拝すべし。

少彦名命は宇宙神界ことごとくを旅し給い、天照大御神の全権大使《ぜんけんたいし》たることをわきまうべし。

少彦名命こそ、天御中主朝廷《あめのみなかぬしちょうてい》の詔《みことのり》を第一に受けて、宣布《せんぷ》せらる大神なり。

少彦名命をよくよく礼拝すべし。

我、汝らに少彦名命の祭を明年一月十三日に教えんとす。日本に少彦名命の社《やしろ》、四十七社に及ぶも、まことの御霊屋《みたまや》なし。これを汝らに祭《まつ》らしめんとす。

汝ら、少彦名命に帰依《きえ》し奉《たてまつ》ることによりて、大国主命の御援助を賜い、天照大御神の中心活動を直接受くることを得《う》べし。

少彦名命の聖徳《せいとく》を知らしめんとせしも、時未《いま》だ成《な》らざるにより、未だ受くる者無かりき。時、既にきたらんとす。

今より五年後の十一月、世界に大変革起らんとするに当り、大経宣布《だいきょうせんぷ》せらるることとなるべし。

最大大信者は皇太子明仁なり。

心し、誠《まこと》もちて、神に仕《つこ》うべし。

よくよく精進《しょうじん》して、我が示すところを行うべし。

この夜間歇的《かんけつてき》な驟雨《りゅうう》が来襲《らいしゅう》したにも拘わらず、南方に二つの明皎々《めいこうこう》たる御神火を拝す。

夜《よ》が明《あ》けると、私達は潮風《しおかぜ》で真赤《まっか》になった自転車を曳《ひ》きひき砂丘《さきゅう》を越えて帰路につきました。漸く富士神社の小屋に辿《たど》りついた時、私は門田先生に、できるだけ暖《あたた》かくして熟睡《じゅくすい》するように注意し、自宅へ廻《まわ》らず学校に直行《ちょっこう》しました。

その夜は神示《しんじ》を浄書《じょうしょ》して門田先生に見せましたが、その内容の重大さに驚嘆《きょうたん》しておりました。私は以前数名霊媒《れいばい》を養成したことがありますが、トランス状態になっても潜在意識が混入《こんにゅう》することがしばしばありました。ところが門田先生の場合は鎮魂帰神《ちんこんきしん》すれば、完全に自意識を喪失《そうしつ》するので、醒《さ》めた御神示の内容を少しも記憶《きおく》していないことが判明《はんめい》しました。

その翌日《よくじつ》から噂《うわさ》を洩《も》れ聞いて、「無名庵《むめいあん》」と名付けたこの小屋を訪《おとず》れる人がふえて来ました。中でも熱心なのは「生長の家」の青年達でした。波瀾万丈《はらんばんじょう》、深刻《しんこく》な門田先生の体験談は集まる人びとに強烈《きょうれつ》な感銘《かんめい》を与えました。

神示によって命《めい》ぜられた「誠字の神呪」の答案は、我々二人が鳩首額《きゅうしゅひたい》を寄せ合って想《そう》を練《ね》り、浄書《じょうしょ》して御神前に供えましたが、合格せず、再度想《そう》を改めて提出しても嘉納《かのう》されませんでした。

待《ま》ちに待った十月一日が遂《つい》にやって来ました。私達は夕刻米津浜で禊する予定でしたが、またもや来襲《らいしゅう》した台風のため、篠突《しのつ》く豪雨《ごうう》と突風《とっぷう》で、到底洋傘《とうていようがさ》をさして自転車を走らすこともできず、神示を速記《そっき》することも不可能なので、相談の結果、神社の井戸水《いどみず》で禊を取り、無名庵《むめいあん》にしつらえた御神前で鎮魂帰神しました。不謹慎極まる軽挙《けいきょ》であったことが、後に分かって冷汗《ひやあせ》をかきました。ただし神様の御仁愛によって左の神示を拝受《はいじゅ》することができました。

神　示（十月一日　無名庵）

我は住江大神なり。

汝、門田博治に告ぐるぞ。

汝の守護神は白銀龍神《しろがねりゅうじん》なること、かつて汝に霊夢《れいむ》せしことあり。汝の白銀龍神は花井陽三郎を守り給える黒金龍神《くろがねりゅうじん》の双生児兄弟《そうせいじきょうだい》なり。

汝ら我を呼ばんとすれば、相集《あいつど》いて互いに守護神「の善言」を唱《とな》うる時、汝らに来たるものと知るべし。本日汝に見せし白銀龍神は、かつて汝に霊夢せしめし白銀龍神なるも、かの時より十倍の大きさと成れること汝見たりや？

白銀龍神は九月二十八日をもって、正一位の位を授《さず》けられたり。依《よ》って汝ら黒金、白銀ともに、正一位黒金龍神、正一位白銀龍神と唱《とな》うべし。汝ら我に寄らんと欲する時、常に汝らの守護神《しゅごしん》を相《あい》ともに唱えて、我をよぶべし。

我、先に十六夜汝らに約束せし如く、本日現われたり。されど汝ら二人に告げん。汝ら既に精進してその様よく分かりたれど、汝ら、汝らの精進かくの如きにては覚束《おぼつか》なし。よくよく省《かえり》みて我が言うことを聞け。

汝らの精進足《た》らざることあり。但し我昨夜、少彦名命に願いて、汝らに石神堪当を与えんことを乞《こ》いしに、かのミコトの宣《のたま》わく、汝らの精進不足により、さらに三日の謹慎《きんしん》を命《めい》じ、十月四日の夜に至り汝らの精進堅固《けんご》なりと思召《おぼしめ》し給うなれば、石神堪当の秘密を渡すべしとの御諚《ごじょう》なり。汝ら省《かえり》みて、精進不足せしところを、この三日間に取返すべし。

我、汝らの志《こころざし》を憐《あわれ》みて、本日汝らに告《つ》げたきことあり。

汝らに示したりし第二の神呪――誠字《まじ》の神呪を解釈するに、不備に終りおれることいと残念なり。

十六夜に示せし如く、誠字の神呪は宇宙天然《てんねん》間の真理を道破《どうは》せるものにして、この真理により て学問の窮極《きゅうきょく》に至るべきこと正銘《しょうめい》なり。汝ら心してよくよく考うべし。考うべし。

汝らおのおの心を開き、懺悔《ざんげ》をなして、十月四日夜再びこの室において二龍神を呼ぶべし。

我汝らに第三の神呪――用字《てじ》の神呪を与えん。汝らに「十言の神呪」を与えること十一月十一日をもって最終日となす予定なれば、汝らその間心して精進励《はげ》むべし。

我、汝らの志はこれを嘉《よみ》しおるぞ。

本夕我、汝ら二人の前生《ぜんせい》の因縁《いんねん》を説《と》きあかしてみるべし。

汝らの前生は今を去《さ》る一一五〇年あまり前、僅《わず》かこの世に十一ケ月間の生を保ちし双頭一体《そうとういったい》の双生児《ふたご》なりき。汝の父母は時のミカド桓武天皇《かんむてんのう》の皇子《みこ》にして、帝《みかど》はこれを聞かれ給い、殊《こと》のほか涙し給い、如何にして汝らを育てんものと、天下の名医《めいい》を集めて養《やしな》わんとせしも、汝らは常に重き病にかかりて相ともに倒れんとせしことしばしばなりき。かかる時、汝らの父母《ふぼ》はひたすら観世音菩薩《かんぜおんぼさつ》を信仰なして、汝らの蘇生《そせい》を祈らせ給いしも、十一ケ月十一日をもってこの世を去りたり。汝らの父母は汝らのために、京都東山の麓《ふもと》に観世音を招請《しょうせい》して、これを祭《まつ》りき。これ、もとの清水観音《きよみずかんのん》の発祥《はっしょう》なりき。【注三】汝らのこと既《すで》に伝わらざれど、疑うべからず。折あらば清水観音に至り、相ともに本尊《ほんぞん》観世音を至心に拝《はい》すべし。然《しか》らば必ず霊的現象おきて、汝らをして驚嘆せしむること必定《ひつじょう》なり。

本日なおまたタケシツカサ明神並《なら》びにアキヒイラギ明神をして、汝らのもとに赴《おもむ》かしむる約束なりしが、彼ら二人は石神堪当をいと高き高天原《たかあまはら》より汝らにもたらさしめんため、三日の後に遅らしむるものなり。

タケシツカサ明神、アキヒイラギ明神ともに今を去る六年前に霊界《れいかい》に昇天《しょうてん》せし人霊《じんれい》なりしも、汝らとの因縁はおのおの明神の口より聞くべし。深きふかき因縁あるものぞかし。当今高天原においてこの二人の霊人《れいじん》は霊力第一とうたわれおる者なること、先夜告げしところなり。

我汝らの志を嘉《よ》みして、さらに付け加えて汝らに教えんとする処あり。汝ら懈怠《けたい》の心起せし第一は、汝らに伝えんとしつつある神示は未だ未完のものにして、我汝ら以外に知らしむべからざるを示したりしも、汝ら既に語りおることあらずや？　如何なる者といえども、汝ら「十言の神呪」を修し終るまで、汝らに賜わりし神示ともに他人に示すべからず。我汝らに「十言の神呪」を授け終らば、汝らに発表の方法、伝うべき人々を一人ひとり知らしむべし。汝らにタケシツカサ明神、アキヒイラギ明神詳しくこれを教えん。

汝らに肉体の精進強《し》うるにあらず。霊《れい》の精進なり。与えつつあるもの大いなるを、汝らよくよく考うべし。汝らの精進は霊の精進にてあるべし。肉の精進にてあるべからず。

さらに汝らに伝う。汝ら火曜会を組織して、門田博治が『華厳経《けごんきょう》』を説《と》かんとするは時期尚早《しょうそう》なり。華厳《けごん》の真意《しんい》は、わが「十言の神呪」を修《しゅう》し得て後《のち》に知るべし。汝ら今これを説くも尽《ことごと》く皮相《ひそう》にして誤れることをよく知るべし。但し火曜会を組織するを止むるものにあらず。これをさらに積極的に開くこと、我大いに喜ぶものなり。但し華厳を説くべからず。今にして説くべからず。説くべき時は示さん。

さらに汝らに告ぐ。

十月三日の夜、汝ら川島氏宅において講演会を開くべし。火曜会の人々はもとより、できるだけ多くの人々を集むる手配すべし。しかして汝らよくよく懺悔《ざんげ》なすべし。この会合により、汝らの支持者十一人を加えしめんとす。

さらに汝らに告げん。「生長《せいちょう》の家《いえ》」はなおここ数年間海外に多大の反響を呼び起こし、汝らのために道ならしするものなれば、心より喜ぶべし。汝ら今協力せんとする二霊人は尽く「生長の家」の教えに触れたるものなれば、常に汝らに「生長の家」との接触を保たんと努力すべし。

「真理実行会《しんりじっこうかい》」は現在をもって最高潮に達しおるすがたにして、明年二月多大の内紛《ないふん》を起こして衰微《すいび》し行くものなり。汝らこれに深く乗るべからず。汝らの精進如何によりて、汝ら教えを宣布する時は近づきおるなれば、強き自信持ちて前進すると同時に、悠揚迫《ゆうようせま》らざる態度をもって、我が予言《よげん》に従うべし。

なお汝らに告ぐ。

十月四日夜は必ず米津浜にて禊し参るべし。少彦名命の勅命《ちょくめい》を聞かんとせば、かの浜にて禊して行わざれば能《あた》わざることを知るべし。汝ら十六夜に見たる南方の星は、少彦名命の神火《しんか》なりしこと知らざるか。汝ら至心をもって再び禊を行わば、再び神火を拝《はい》さしむべし。

汝ら少彦名命の偉大なることを信ぜよ。

汝らの考えおる薬師如来《やくしにょらい》は、少彦名命の印度《いんど》的化身《けしん》なるぞ。汝ら至心《ししん》にミコトを礼拝《らいはい》すべし。

朝夕の祈りに、天照大御神の次位《じい》において、少彦名命を礼拝すべし。

なお汝らに告げん。汝ら「十言の神呪」の解明は十分の一なることを知れ。神呪をよく修することと忘れざるべし。汝ら再び懈怠せば、汝らに伝うるの法、伝うるに人無きを如何《いかん》せん。

なお、花井陽三郎に告ぐ。

汝の祖神《そしん》、氏神《うじがみ》、産土神《うぶすなかみ》は、八幡大神《やわたおほかみ》にあらずして春日明神《かすがみょうじん》なるぞ。よくよく調ぶべし。

翌日私はこの御神示を謹書《きんしょ》しながら、私達の心や行動は一切神様に見通されていて、私達が神様に期待する祈念《きねん》よりも、神様が私達に御期待あそばされる御仁愛《じんあい》の方が遥かに大いなるものであり、天地霄壌《しょうじょう》の差のあることを痛感して恐懼《きょうく》しました。しかも強烈なスポットライトで照射《しょうしゃ》されたほどのあざやかさで、御神意を悟ることができて感泣《かんきゅう》しました。

そして三日間は承詔必謹《しょうしょうひっきん》、懺悔謹慎《ざんげきんしん》し、十月三日夜は神命の通り熱烈、純真な青年川島和夫《かわしまかずお》君の家において講演会を開催《かいさい》致しました。予想以上に参集者が多く、有力な名士や、篤信家《とくしんか》の顔を散見することができました。門田先生の火の様な熱弁は聴衆の肺腑《はいふ》を突き、神々へ敬虔《けいけん》な誠を献《ささ》げる至情《しじょう》が喚起《かんき》されました。

私達は四日の夜面接できる二霊人への期待に胸をふくらませ、昭和二十二年昇天《しょうてん》された道友達をあれこれと物色しましたが、その結果、シンガポールのチャンギー刑務所でB級戦犯として絞首刑《こうしゅけい》に処《しょ》せられた馬杉一雄《ますぎかずお》中佐と、「大日本交響楽《こうきょうがく》」を作曲された大阪の江藤輝《えとうあきら》先生ではなかろうかという結論に達しました。その予想に狂いはありませんでした。

四日の夕刻私達は例によって自転車を連《つら》ねて米津浜に禊しましたが、星一つ見えぬ曇天にもかかわらず、南南西方の空に燦然《さんぜん》と輝く御神火を拝むことができました。禊を了《りょう》した後は、「聖《きよ》らかな砂丘《さきゅう》」に正坐して伊勢神宮を遥拝《ようはい》し、鎮魂して心の禊をした後、無名庵に戻って御神示を拝受しました。

神示（十月四日）

我は住江大神なり。

汝ら二人の精進誠に嘉《よみ》すべし。

汝ら誠字の神呪を解《かい》す。誠に正しきものあり。我、汝らに示さんとす。

汝らの考えたる物の世界の成立、心の世界の成立、生命の世界の成立――尽《ことごと》く「まこと開き」の現われなりと解せしこと誠に嘉すべきことなり。物と心との関係は、まることの大き細《さざ》めの極《きわ》みなり。大いなる仕組《しくみ》なり。物と心、心と生命、生命と物――その三つの関係はおのおのこの神歌《かむうた》に読みこまれあるを、汝らよく悟るべし。

我、汝らに約束せし如く、本日第三の神呪を与えんとす。この神呪は現象界一般の相《すがた》と心の相とを如何に整うべきかを教えたる神呪にして、石神堪当の秘歌《ひか》なり。汝ら石神堪当を得るに、第三の神呪――用字《てじ》の神呪をわきまえるならば、その効《こう》神妙にして万人を救い得るものなるぞ。しからば用字の神呪を与えん。

照《て》る月《つき》の映《うつ》りてまどか池《いけ》にあり　など波風《なみかぜ》に砕《くだ》けけるかも

本日ここに少彦名命御臨幸《ごりんこう》あり。

汝ら恭敬《きょうけい》してミコトの神命《しんめい》をよく聞くべし。少彦名命の御臨幸あること、一年一回なり。幸にして、十月一日より二十二日の間、我らが世界――高天原に御臨幸あるにより、特に願いて汝らに詔《みことのり》を賜《たま》わさんとす。

白銀龍神、行け！


突如として門田先生の守護神白銀龍神は姿を現わし給い、少彦名命をお迎えするため、天空高く舞上《まいあ》がられました。それより約四十分後私は少彦名命の御神示《ごしんじ》を拝承《はいしょう》しました。

神　示　（十月四日引き続き）

我は即《すなわ》ち少彦名命なり。

今我、汝らに答《こた》う。

我が石神堪当を授けんとするにあたり言うべきことあり。こは汝ら大経宣布の先駆《さきがけ》として、住江大神より特に委嘱《いしょく》せられしに依《よ》り、特に汝らに下さんとする秘法なり。

汝ら第三の神呪をよく解《かい》せしや？

第三の神呪解《わか》りしならば、わが石神堪当の秘法、真理の妙用《みょうよう》を発揮すべし。我が一万二千の高弟の内、最も神妙なる明神を汝ら二人のために働かさしめんこと、同じく住江大神より依頼あり。我約束して汝らのもとに遣《つか》わさんとす。これら二人の明神――一はタケシツカサ明神、他はアキヒイラギ明神なり。

汝ら既にこの二明神を礼拝しあること、我感知しおれり。汝らはこの二明神に因縁浅からざりし者なりしが、第二の天之岩戸《あめのいわと》隠《かく》れに際し多力男命《たぢからおのみこと》として急速に神界に召上《めしあ》げし十六万二千に余るミコト達の内、最も秀《ひい》でたる六人中の二人なり。汝らのために本日より百ケ日の間協力あると知れ。彼ら二人につき、よく霊界の事柄を分明《ぶんめい》に調べて、汝らの心に大いなる信念を築きおくべし。汝らによって、大経宣布の時尽《ことごと》く実現せしむべきものなるぞ。彼ら二明神は第二の天之岩戸隠れのみぎり――即ち昭和二十年八月十五日以後天界に召上げ、我が配下に属せしものなり。地上人界における寿命はおのおのなお一歳半、二歳半に及びたるも、既に彼らは我がもとにて、我が教を受け居たることを汝ら知る能《あた》わず。汝ら二明神につき詳しくこれを知るべし。彼らは汝らの辺《へ》にありて、汝らに声無き声にて種々なる指導を与えんも、汝ら発心《ほっしん》して夜半子《ね》の刻より対面して、彼らの言葉を聞け。

ただし本日は彼ら未だ開眼《かいげん》し非ざるにより、遇《あ》うべからず。汝ら明日子《あすね》の刻《こく》初対面なすべし。汝ら用字の神呪を再び続けて唱えなば、必ず彼ら汝らのもとに来るべし、と知れ。石神堪当の秘密はこれら二明神に授けある故、汝ら詳しくは彼らにつきて学ぶべし、石神堪当はよく肉体の病気を解消せしめ、心の悩みを解消せしめ、心と心とのわだかまりを解消せしめ得る、偉大なる神秘力を持つものなり。

汝らに告げん。汝ら明日奉書《ほうしょ》百枚を用意せよ。清浄《しょうじょう》なるカワラケ、小筆一本、墨、硯を用意すべし。なお汝らの手にて清水により炊きたる米糊を作りおくべし。おのおののものを汝ら手に入れんとする時、心に十言の神呪を唱《とな》えつつ受け取るべし。汝らはこれを清浄の所に安置《あんち》すべし。しかる時汝ら十言の神呪を唱うべし。これを取り出さんとする時、また十言の神呪を唱うべし。汝ら間違うべからず。十言の神呪と申さば十回唱うることとなるぞ！

なおもう一つ言う。清浄なる鋏《はさみ》なり。この鋏は清水にて十言の神呪を唱えつつ洗いて、なるべく高き処に吊るし置け。汝らわが神殿をしつらうべし。わが神殿はいと質素なるものにてよからん。

奉書の中央に天照大御神と書きて、向って左に大国主命、右にわが名を記すべし。但し、これ墨にて書くべからず。清水にて書きおくべし。汝ら二人の他にこの神号見ること能はざらしめよ。これに燈明、カワラケ欠かすべからず。カワラケは清水を供うべし。(七十四頁参照)

奉書正方形一、長方形一に切るべし。長方形は汝らより之を受けんとする者の願いを書かしむるものなり。正方形は更に又九つの正方形に断て。裁つ前にこの大正方形に水にて「み」の字を書くべし。

清水にて書くなれど、九つの正方形の内、左端より「あ」「ま」「て」、右に向かって「ら」「す」、上に向かって「お」「ほ」、上より中に向いて「み」「か」、相分かりしか。

あ	み	ほ
ま	か	お
て	ら	す

先づ大なる正方形に水にて、「み」と書くべし。間違うべからず。真中に「か」と書きその上にあがりて「み」と書くべし。その右側に「ほ」と書くべし。その下側に「お」と書き、そのも一つ下に「す」と書くべし。その左に「ら」と書く。更に左に「て」と書くべし。その上に「ま」と書くべし。そのもう一つ上に「あ」と書くなるぞ。かくして十言神呪なり。

先づこの内、中心になる「か」の字をわが神殿に祭るべし。その次なる「み」の字を花井陽三郎保管すべし。右なる「ほ」の字は門田博治保管すべし。ついで「お」の字以下順次書きたるものを星形にて重ね糊にてはりつけ一枚の紙となすべし。「あ」の字を一番底、「ま」の字を底より二番目、而して「お」の字を一番上に相成るべきこと――相分かるべしや。

これ石神堪当の形なり。これできなば、神殿に供えてまず十言の神呪、次に用字の神呪を汝ら各々交替に一回づつ唱うべし。次に、タケシツカサ、アキヒイラギ両明神の名を各々十回づつ唱うべし。

出来上りたるものは四つに折りたたみて、清き白き厚き紙の袋に入れ外より密封すべし。袋に文字を書くべからず。これを汝らに頼む者に渡すべき際は二明神に聞くべし。その外のこと、明細なることは二明神の判断にまかせあり。分かりしか?

住江大神の御依頼により、我汝らに遭いしこと喜ぶものなり。汝ら心して住江大神の教に従え。第二の岩戸開きは五歳の後に迫りしなり。手力男命とは多くの力ある命の祈ること。汝ら二明神にきくべし。

住江大神の御依頼《ごいらい》により、我汝らに遇いしこと喜ぶものなり。汝ら心して住江大神の教に従え。第二の天之岩戸開きは五年の後に迫《せま》るなり。タジカラオノミコトとは手力男命にあらずして多力男命なり。多くの力ある命のことなり。汝ら二明神に聞け。

我再び汝らに相《あい》まみえんとするも、来年のことと相成るべし。汝らもし我が教を受けんとせば、二明神に聞け。我と交通せんとせば、守護神黒金龍神、白銀龍神の偉大にして神速《じんそく》なる交通力によれば、我に至る最も遠き処にても僅《わず》か三日なり。北極紫微宮《ほっきょくしびきゅう》に在る時に、彼ら龍神の龍車《りゅうしゃ》に乗らば三日にてとどくべし。

汝ら大いなる守護神の霊力によりて、また汝らの精進によりて、偉大なることの成就《じょうじゅ》すべきこと、我楽しみに致しおるぞ!

【注三】京都清水寺は桓武《かんむ》天皇の延暦十七年（七九八年）七月二日、坂上田村麻呂これを建立《こんりゅう》し、清水寺境内の泰産堂《たいさんどう》は俗に子安《こやす》観音、あるいは子安堂と称し、田村麻呂の娘春子が桓武天皇の宮中《きゅうちゅう》に入りて葛井《くずい》親王を生みたるために建立し、その三層塔婆《とうば》は同親王《しんのう》の本願《ほんがん》にして、中に観世音菩薩《かんぜおんぼさつ》を安置《あんち》す。

六、明神出現《みょうじんしゅつげん》

私たちは神様の仰《おお》せの通り、翌日五日の子《ね》の刻《こく》に、懐《なつ》かしい親友の馬杉一雄《ますぎかずお》中佐（タケシツカサ明神《みょうじん》）及び江藤輝《えとうあきら》先生（アキヒイラギ明神）に対面し、生前と少しも変らぬ語調《ごちょう》でお話することができました。

以下はその時の霊示《れいじ》であります。

霊　示　（十月五日午後十一時）

タケシツカサ明神です。

照《て》る月《つき》の映《うつ》りてまどか池《いけ》にあり　など波風《なみかぜ》に砕《くだ》けけるかも

この神呪を二回考えて下さい。迷いを無くす法則ですね。

私は有難い……非常に強力なものを神様から頂いています。大変強力に白銀龍神が活躍《かつやく》して下さいます。激しいものでしてね。

私も漸《ようや》く明神《あけつみかみ》の位《くらい》を授《さず》けられました。それまで六年かかりました。いろいろな世界を歩いて、いろいろな体験《たいけん》をしました。私が先導役《せんどうやく》になって、門田先生、花井先生……お二方《ふたかた》にいろいろなことを教えることになったのです。明年は私、少し遠い処《ところ》へ出掛《でか》けます。ある仕事があるのです。それとも連絡があって、今と同じ種類《しゅるい》の仕事です。遠いので三月《みつき》ばかりです。

もう一人の明神が、今にお見えになります。私とほとんど相前後して、神様の弟子にならせて頂いた訳です。少彦名大神様《すくなひこなおほかみさま》は、人間を忘《わす》れている神様ではありません。我田引水《がでんいんすい》のようですが、神の力をコントロールする力……ですが、道の活動が、神界にはいろいろ段階《だんかい》があります。こちらの神界は、神界でも末梢《まつしょう》に近い方です。私はまだまだ一年生ですよ。

こちらの神界の中心天照大御神より発《はっ》せられるミコトバが、霊的なある事情で、時に歪《ゆが》められ、間違うこともありますので、それを絶えずコントロールし、正している神様がいらっしゃいます。それが少彦名大神様でしてね、これを中国流の言葉で言えば「大勅命使節神《だいちょくめいしせつじん》」です。中国では扶乩《ふうち》に現われる神様です。非常にもう……最高最貴のものとして拝んでおります。しかし本当のところ、神様のお働きの一番大事な所がね、私に分かったのは太陽神界までです。地球神界《ちきゅうしんかい》の上の太陽《たいよう》神界《しんかい》の中心も天照大御神ですが、さらにその上にもう一つ大きな神界がありましてね、その神界の主宰神《しゅさいしん》も天照大御神です。しかしそれ以上のことは言えません。封《ふう》じられているのです。そこらが非常に複雑で、不思議で、普通の人間的な頭《あたま》では理解ができません。神通力《じんつうりき》が得られて、そこまで理解せよという神様の御命令です。

まあこれから三ケ月の間ぼちぼち話します。しかしあなた方にしっかり精進してくれ、との神様のおことづけです。それができないと「パチン！」と鳴りますよ。体験談は話しますがね。

この用字の神呪をね……、今日が五日ですが、余裕《よゆう》を正味《しょうみ》一週間あげるから、その間できるだけ努力して考えることですね。百点満点のところ十点取ってこちらでは普通の秀才《しゅうさい》なんです。我々は一番偉い神様の道場へ入学した訳ですが、何万人もいる弟子の中で修行して、「彼奴《あいつ》が！」と言われるまでは大変ですよ。要するに勘《かん》ですよ。偉い勘ですよ。僕はガサツだから、多難《たなん》な道でした。二十年八月十五日——これは第二の天之岩戸《あめのいわと》隠《かく》れですが、それ以来、腕っこきの連中がこちらへ引っぱられたのです。優秀な軍人で精神家であった連中や、先祖が信仰家《しんこうか》で、非常に信仰的に育てられた連中などです。その八月十五日から十八日までの間に戦死《せんし》した連中は皆来ています。先祖《せんぞ》の力は、実に大きな力ですよ。

これからさいさいお話する機会があります。今度は十二日の夜から十三日の朝にかけて来ます。私はタケシツカサと言う名ですが、武神《ぶしん》と言う意味です。剣道をやっていたので、岩戸開きの時あばれなければならぬのです。こちらでは随分勉強せねばなりません。しかしあなた方は大変な因縁らしいですね。現在あなたがた二人が日本中見廻《みまわ》したところ、能力があろうという風な神様の御判定らしいのです。そういうことが住江大神様から、うちの神様へ御通達《ごつうたつ》があって、今私達が石神堪当を持って来たのです。石神堪当は神符《しんぷ》なのです。中国人の作った霊界語《れいかいご》で、魔除《まよ》けの意味です。石神堪上の二文字石神は特殊の意味で、「金剛不壊《こんごうふえ》なるもの」の意味です。千古《せんこ》の昔から無窮《むきゅう》の未来にわたる魔除けです。過去、現在、未来にわたって、よく因縁を解消するのです。これを受けると、本来の実相《じっそう》が現われるのです。しかし取扱いはアキヒイラギさんが教えます。私の役は、そういう人間にあたれ、こういうことをやれと、先駆《さきがけ》して魔除《まよ》けしておくことです。まあ私は至《いた》ってエネルギッシュですからね。肝腎《かんじん》なことは、心の中で強く念じて、口に出さぬこと。一ケ月ばかりの間、極秘《ごくひ》にせよとの住江大神様のミコトバです。タケシツカサはあなた方の左の耳へ、アキヒイラギは右の耳へ入って、言葉なき言葉で教えます。私を呼ぶ時は、タケシツカサの音《おん》の数《かず》だけ六回唱えて下さい。

「十言の神呪」は最高最大の神呪であって、太祝詞《ふとのりと》の眼目《がんもく》です。これが分かったら、太陽神界《たいようしんかい》の上の方まで実相顕現《じつそうけんげん》です。今、「十言の神呪」は地球上十《じっ》か処《しょ》で行われています。日本人以外の人も居ます。日本では五か処です。「生長の家」は海外発展《かいがいはってん》します。我々もその援助《えんじょ》をします。岩戸開きは、人間の歴史始まって以来画期的な事件になります。

大体《だいたい》私は富士山の天辺《てっぺん》に居《い》ます。ここは日本の中心で、どこもかもよく見えます。

私は一寸《ちょっと》とした霊法《れいほう》を会得《えとく》したので、三十三身の観世音の十倍の霊体を持つようになりました。三百三十か所から頼まれても困らないのです。このグレードはアキヒイラギと、もう一人印度《いんど》へ行く日本人です。五歳で死んだ人ですが、素晴《すば》らしいもんです。それが五年後問題になって来るのです。

霊夢《れいむ》を見せしめたのは金刀比羅《ことひら》神社宮司久世《くぜ》章業《ふみなり》先生です。内容のあらましを書いて、連絡をとって下さい。気易《きやす》く何でも聞いて下さい。二人で一生懸命やって下さい。あなた方の身体と心とを借りて、神意《しんい》を示さねばならぬのです。自分だけだと思わずやって下さい。

霊　示（続いて）

アキヒイラギ明神です。

練習にやらせて貰《もら》いましょうね。

石神堪当を持って来ています。

大変難しいようで、難しくない注文《ちゅうもん》があるんですがね。端的《たんてき》に言いますと、これは霊的なもので、紙で作るのではないのです。純粋《じゅんすい》に霊的なものですから、これを取りはずさないようにして下さい。先ず神棚《かみだな》はそう立派なものでなくてもいいのです。お金をかけないでいいのです。自然にそうなります。しかしね、粗末《そまつ》そまつと思わぬことですね。入れるのは紙箱でよろしい。厨子《ずし》の中へ紙を適当な大きさに切り、水文字で——清浄な水道の水でいいですよ。夜明けの水ですな。その時、祓戸の神を念じて汲んでおくのです。お祭りする時にね、大祓十巻、十言神呪十巻、一巻は十回ですから十巻はつまり百回ですな。これを拝む時、

神様！

と申上げて、拝むと宜しい。

そうすると次に書き方ですな。真中へ天照大御神、向かって左へ大国主命、その時、大国主命の大は天照大御神の照より低く、それから命の字は大御神の神より低く書くですよ。大きさは同じ位でいいです。

少彦名命
天照大御神
大国主命

大国主命と対称の右側に少彦名命と書くのです。

石神堪当の奇《く》すしき灼《あら》たかさは……、御三方の神様の御力により一切の迷を解消するのです。ところがね、石神堪当の「神」は伏字にしてください。

願文の書き方は先ず小さい字で筆で書くのです。清浄な水でやらねばいけませんね。

第一に願い事を書くのです。例えば、「病気を治して頂きたい」などなど。三つでも四つでもいいのです。

左側に氏神様を書き、例えば、「春日神社氏子　何某」、横手へ、「生年月日」を書くのです。

受取る時、誓詞をとって下さい。

ガンドウを頂くに就きましては、それを一切他人に口外せず、
私一人のものとして、お受け致します。

謹みて神様にお誓い致します。

本当に誠を以て、受けさして頂くのです。

次に誓書を書いて、その下へ離れて願文を添えて受取り、受取ったら二人の名で拝む。一人で拝む時も二人一緒の気持で拝むのです。

神様にお祈りする時は、
その方は尊い神様の御子であります。

この悩みは本来でありません。

有難うございます。（繰返す）

それから、堪当はガンドウ箱へ入れ、願文の上にガンドウを一つ置いて、拝むのです。

神拝の時は、十言神呪、用字神呪です。

迷の根元をとってやると同時に、この神呪には現象界のありのままの相のその裏に実相界が現存していることが歌ってあるのです。現象界は実相界の映像《うつし》なのです。

次に、心の法則や精神分析や、それに従って一つの生活方針を端的に指示して下さい。例えば「あなたは如何なる人に対しても喜んで負ける心をお持ちなさい」などなど。それを筆で書かして後、第二の誓約書を書かすのです。紙は何でもいいが、半紙の程度でいいのです。

必ず、〇〇〇を治して頂きます。有難うございます。

〇〇神社　氏子

何　某

生年月日

その誓書を出したならば、ガンドウを渡すのです。そして十日したら、治っても治らなくても必ずガンドウを持って来さす。その時また適切な指導をするのです。

ガンドウは神聖なものであることを認識させ厳粛に渡すこと。

ガンドウは袋に入っているが、更にそれを入れる袋を作るように言い、こちらもそれに対して、お祈りするのです。言葉の力を駆使して効果をあげることですね。ガンドウは十日目に持って来させたものを、一日預かって神棚に供え、十言神呪を十遍唱え十一日目に同じものを取りに来さす。

その時、実行できてるかどうか、懺悔《ざんげ》をさせる。これは百発百中ですよ。二十日間。

お蔭を受けたら、ガンドウを持ってお詣《まい》りに来さす。お金は絶対とらぬこと。

一月三日になれば、来るものは来る。

一月三日お別れの日、六甲山の弁財天にお詣りすれば、全面的に発表することを許されます。

さあ、これから笑う稽古をすること。笑いながら神呪をあげれば、神呪が光り出すのです。しめっぽくなったり、厳粛になったりしてはいけません。笑いながら、定《じょう》に入るものは入るのです。安心してやって下さい。

ガンドウは四、五日の間に作って下さい。受取るのは代参でもいいのです。この家は浄まっています。高い強力な霊力が守っています。邪霊は入りません。

明後日迄に神殿を祭ること。ガンドウを貰いに来たら、すぐ渡さず一旦延すこと。これはテクニックです。

太祝詞をあげれば分かるようにします。三月先まで分かります。

僕はあなた方の右の耳へ入ります。声なき声です。僕とタケシツカサ明神は決して二つのものではありません。分けられないのです。同じ働きの裏表《うらおもて》です。僕は今、霊的なカラダを沢山《たくさん》持っています。三百六十あまりのカラダを持って、八面六臂《はちめんろっぴ》の活躍《かつやく》です。

私の館《やかた》は阿蘇山です。霊的な世界で、一万七千呎《フィート》の高さです。現象の阿蘇山の約二倍の高さです。天孫降臨《てんそんこうりん》の場所です。今から三ケ月の間、あなた方に協力します。私の仕事の半分まではあなた方のことです。

あなた方は御立派な方々ですから、できますよ。

（十月五日夜十二時）

馬杉一雄中佐は昭和十一年『生命の実相』を読んで大悟《たいご》され、当時「生長の家」の地方講師《ちほうこうし》であった門田先生と親交を結び肝胆相照《かんたんあいてら》しました。中佐は間もなく上海事変《しゃんはいじへん》のため出征《しゅっせい》し、蘇州《そしゅう》河の激戦《げきせん》の際はクリークを渡って先頭に立ち、敵を掃蕩《そうとう》した武勲《ぶくん》は赫々《かっかく》たるものとして、読売新聞紙上に写真入りで報道されました。爾後《じご》南方に転戦し、終戦直後英軍《えいぐん》に引渡《ひきわた》すべき武器弾薬《ぶきだんやく》を、独断《どくだん》にてインドネシヤ独立軍《どくりつぐん》に与えた罪《つみ》によりB級戦犯《せんぱん》となり、シンガポールのチャンギー刑務所において絞首刑に処せられました。しかし「人間本来生き通しの生命」であることを自覚していた中佐は、従容莞爾《しょうようかんじ》として昇天しました。

なお、江藤輝先生は「生長の家」地方講師であるとともに、天才的な交響楽《こうきょうがく》作曲家で、戦時中「白狐《びゃっこ》の湯」と「湖畔《こはん》の舞《まい》」の作曲は連続一等賞に当選しドイツ・ガルトナー賞を獲得《かくとく》し、「大日本交響楽《こうきょうがく》」は紀元二千六百年記念日にNHKで放送されました。門田先生の紹介にて私とは特に睦《むつ》まじく交際していました。

七、誠字観法《まじかんぽう》

神　拝　二礼二拍手一拝

只今《ただいま》より誠字《まじ》観法《かんぽう》を実修《じつしゅう》させて頂《いただ》きます。何卒《なにとぞ》神々の御援《おたす》けによりまして、立派な観法ができますようお願い致します。

　正座　瞑目

誠字神呪　朗唱《ろうしょう》二回　誠字印

　まることは大きさざめの極《きわ》みなり　まこと開《ひら》きて極《きわ》みなきなり

十言神呪　奉唱《ほうしょう》十回

住江大神《すみのえのおほかみ》の御名《みな》　朗唱九回　誠字印

誠字神呪　黙唱《もくしょう》二回　誠字印

（黙　念）

宇宙《うちゅう》を貫《つらぬ》く真理《しんり》を聞《き》かしめ給へ　（三回）

宇宙を貫く真理を見《み》せしめ給へ　（三回）

宇宙を貫く真理と一体《いったい》とならしめ給へ　（三回）

住江大神の御名奉唱

（黙　念）

宇宙を貫く真理を知《し》らしめ給へ　（三回）

宇宙を貫く真理を行《ぎょう》ぜしめ給へ　（三回）

宇宙を貫く真理と一体《いったい》とならしめ給へ　（三回）

住江大神の御名奉唱

（黙　念）

我今《われいま》宇宙の真理と一体なり　（繰返す）

我が全身虚空《こくう》となりて大宇宙に拡《ひろ》がり、光明燦然《こうみょうさんぜん》たる実相世界《じっそうせかい》に君臨《くんりん》す　（繰返す）

森羅万象《しんらばんしょう》ことごとく我が力を賞嘆《しょうたん》し、生きとし生けるもの皆《みな》、我が愛の息吹《いぶき》を欲《ほっ》せり　（繰返す）

我今万象《ばんしょう》の法《ほう》ことごとくを会得《えとく》して、万象ことごとくをして処《ところ》を得《え》せしめ、生きとし生けるものの皆《みな》を愛す　（繰返す）

今万象我と同種《どうしゅ》なり。生けるもの皆我と同質《どうしつ》なり　（繰返す）

我は万象と一体《いったい》なり。生けるもの皆と一体なり　（繰返す）

我、これら皆をいたわり抜《ぬ》き、愛し抜くなり　（繰返す）

智恵は愛を得て全《まった》きなり。愛は智恵を得て全きなり。智恵と愛とともに生くるがまることなり誠なり　（繰返す）

我は万象と一体《いったい》である。生けるもの皆と一体である　（繰返す）

我は宇宙と同体である。真理と同体である　（繰返す）

誠字神呪　黙唱二回

住江大神の御名　朗唱九回
十言神呪　奉唱
用字《てじ》神呪朗唱二回　二拍手二礼一拝

注意、住江大神の御名奉唱の前、必ず正一位《しょういちい》の二龍神を招《まね》き奉《まつ》ること。

（十月十二日未明霊示）

神　示　（十月十二日夜）

あら楽しや花井陽三郎、門田博治。
我は住江大神なるぞ。
本日汝らに第四の神呪――動字《らじ》の神呪を与えんとす。
汝《なんじ》ら第三の神呪を解《かい》することを嘉《よみ》す。なお詳しくは、アキヒイラギに就《つ》きて学ぶべし。
第四の神呪――動字《らじ》の神呪を伝えん。

蘭《らん》の香《か》の貴《とう》とかりけるおのがじし　花《はな》も葉《は》も根《ね》もいそしみてあれば

汝ら第四の神呪よくよく考うべし。汝らの心ほどくるまで、明神《みようじん》に聞くべからず。この神呪は汝ら一人一人の貴さと、大いなる神の尊さとの関係を歌いたるものなるぞ。汝らよくよく考うべし。

十言の神呪は五柱の神の体《たい》をよめるものにして、顕字《あじ》の神呪は天照大御神なり。誠字《まじ》の神呪は住江大神なり。用字《てじ》の神呪は少彦名命なり。動字《らじ》の神呪は大国主命なり。汝らよくよく考うべし。

汝らに与えんとする教《おしえ》は、汝ら疑《うたが》うことなく貫《つらぬ》きて実行せよ。汝らに今協力せしめつつある霊神《れいじん》数百人あること、汝らに知らしむべし。

なお汝らに告《つ》げん。

少彦名命様、今一度特に汝らに現《あら》われ給うこと願いおけるにつき、十月二十日夜、子《ね》の刻《こく》、禊をなしたる後、再びここに至り、謹《つつし》みて待つべし。これにて来年まで再会《さいかい》の期《き》なかるべし。

霊　示　（同夜）

タケシツカサ明神です。

お約束通《やくそくどう》り参りました。大変様子《たいへんようす》が変わっておりますが、既定方針《きていほうしん》に変わりありません。十一月十一日までの精進を怠《おこた》らぬよう頼みます。

今日住江大神様がおっしゃいましたように、十月二十日の夜少彦名命様が来られます。私がお迎えに参ります。この五日間私は谷口先生の処《ところ》へも、大阪の道場《どうじょう》へも行って参りました。あなた方がもう一度「生長の家」に結ばれる先駆《さきが》けをしていますが、特に清水さんのお力を十分お借りなさい。虚心坦懐《きょしんたんかい》に希望《きぼう》を述べて、最初から大々的でなく、実質的《じっしつてき》に「生長の家」にお帰りなさい。私がついている限り過ちないようにします。

久世《くぜ》章業《ふみなり》先生は十一月十二日、必ず浜松へ来ます。あなた方は十の神歌を完成された時、第一に伝うべき人です。

あなた方は来年正月までの間、いと静かに真実の同志《どうし》の間《あいだ》だけで聖火《せいか》を燃《も》やし、地味《じみ》に世の光となり、救いを与えて行かれることを神々は希望されています。

なお石神堪当は大変都合よく行っています。このまま進んで十一月十一日までに百人に与えなさい。その勢いで救いが展開されると大体、効果があらわれるのは十一月一日から十一日間です。

動字の神呪を聞きましたね。これは非常に難しい神呪です。ここが関門《かんもん》です。個性の意義が説《と》かれています。個と全体との調和が説かれています。

なお住江大神様のお言葉ですが、顕字観法は上手になっています。誠字観法を今日与えるはずでありますが、本末明《ほんみめい》、清浄《しょうじょう》な気持ちで筆をとれば、誠字観法が与えられるはずです。明後日より十日間一心《いっしん》に誠字観法を実修して下さい。住江大神様のお言葉です。

二十日少彦名命様がおいでになりますから、それ迄にガンドウを百個全部こしらえて下さい。

神の霊が吹きつけられます。それ迄はあと五、六個出すにとどめておきなさい。

なお私はヒイラギさん同様、当分、随時《ずいじ》、声としてあらわれます。何時《いつ》でも呼んでください。

霊　示　（十月十三日　午前一時　於　無名庵）

アキヒイラギ明神です。

米津浜で御神火の見えるころ、さいさい私をお呼びでしたね。

清水さんが積極的にお求めだったら、よくことわっておいて、大体のことはお話していいでしょう。特に神霊界の組立についてよく話してあげてください。十言神呪もいいでしょう。ガンドウは半分位にとどめて貰いますかね。あの方は誤解しません。ただもう暫くこの方で伏せておいて下さい。さわやかな人ですから、あそこから発表されると神の御計画が崩れるのです。ガンドウのことで聞きたいことはありませんか。今迄出したところは調子よくいっています。

この二十日に少彦名命様がいらっしゃいます。今度は大きな収穫《しゅうかく》がありますよ。地上の神様の集会がありますので、十八日に出雲へお寄りになるのです。その会議の結果いろいろのことが、あなた方の問題のこと、「真理実行会」のこと、みんな議題にのぼるでしょう。だから二十日には、あなた方にとって、大きな収穫があると思います。

それとガンドウにつきまして、もっと信念を持って頂ける様なことがあると思います。来月になると、いろいろなことが急進展しますからね。ここにお祭りの神様も、十二月は最もお忙しいのです。いろいろ改める方法がありますが、その都度相談しましょう。

なお、誠字観法をやる時は真剣に行って下さい。そしたら、顕字観法を発表するの時期が早まるでしょう。

ここ二三日中に私が十年程前に書きました聖経の「惟神の道」……あれを基礎にして、門田先生に深い悟りの言葉を書いて頂くことにします。その歌をあげれば、どんな迷いの深い霊魂も悟りを開き易いのです。ガンドウで大体悟れるのです。惑障を取除くのです。ガンドウを出しておけば真理の言葉は直通するのです。聞くまいと思っていても真理の言葉を聞きます。

それからガンドウを十日目に持って来たら、それ迄の変化・事情を聞き、あとは常識的にやってください。

十言神呪の発表の時期が来れば、神呪によって救うことになります。今は時期ではないのです。常識的に説いて下さい。惑障ことごとく消滅し効験あらたかです。

なお、高級霊が五百人余り見えています。各々石神堪当に協力するためです。恐れるものはありませんよ。

尚、来月になれば遠方の同志が来まして、あなた方の道が相当広く行はれます。なるべく地味に、なるべく内輪におやりになることを神々は希望しています。

この次は二十日の晩です。それ迄、真剣にやってよく精進して下さい。天満宮氏子のKさんですが、あの人の計画している事業は素晴らしく調子よく参ります。できるだけ援助してあげて下さい。

ガンドウを十日目に持って来さして、あなた方が祈られることは効験に対するお礼ともなり、更に強まり清まったガンドウを渡すことにもなります。一日だけとめておくのでなく数日お祈りして、一定の日にまとめてお返しして差支えありません。


門田先生は第三の神呪を与えられた後、無名庵《むめいあん》を照月庵《しょうげつあん》と改めたが、談論風発《だんろんふうはつ》型の性格のため来訪《らいほう》する同志達の応対に忙殺《ぼうさつ》され、観法実修を怠《おこた》り、その「おとがめ」が出たらしく、十三日夜より一週間高熱を発して病臥《びょうが》し、たびたび明神より「懈怠《けたい》の罪により苦難来たるべし」と警告される。

神　示　（十月二十日　夜十一時）

我は住江大神なり。

花井陽三郎、門田博治に告ぐ。

我汝らに動字《らじ》の神呪を与えしに、これを解《かい》すること能《あた》わざりしなりや。

我汝らに誠字観法を与えしに、汝ら修《しゅう》することなし。黒金龍神、白銀龍神汝らの懈怠《けたい》を嘆きて、汝らを鞭《むち》打ちしことありしを汝ら気付《きづ》かざるや。

汝ら誠字観法を行うことは、汝らの霊性《れいせい》を高むる最上の秘訣《ひけつ》なることを知れ。誠字観法を修し終わらば、霊性《れいせい》は二倍ないし三倍に輝くべし。

本日、汝らに告ぐ。

再び、来たる十六夜《いざよい》の月の夜、海辺《うみべ》の砂の上に坐《ざ》して我を待て。汝らその間、誠字観法一日必ず二回以上修して、十六夜の月をねんごろに迎うべし。

我、少彦名命とともに海辺《うみべ》にて、汝らに最高最大、至高至妙なる統字《すじ》の神呪を伝えんとす。統字の神呪は天御中主大神《あめのみなかぬしのおほかみ》の神呪なり。

汝ら少なくとも誠字観法を十回了《りょう》し終わらざれば、統字の神呪を受くる資格あらず。

少彦名命、石神堪当に関し諸々の注意を与えられんとす。十六夜の月の夜、即ち命《みこと》のこの国を離るるの夜、汝らに告げられんとす。汝ら懈怠せば、来年になる迄これを聞くこと得ざるべし。心して精進せよ。

ガンドウの既に与えられたる者十回を了したる者は、その儘にして十六夜の月の夜を待ちて新たに与うべし。

汝ら「真理実行会」の騒ぎの外に出でよ。真理実行会は汝らを何ら救ふ力なし。何ら汝らを助くる力を持たず。汝らは汝らの道を真直ぐに歩むべし。

汝らのこれよりなさんとする処は、汝らの自由意思に委《ゆだ》ねたれば、何処にて何を宣言するも何ら差支えなし。

ただし、堪当の功徳を畏こみ、心してこれを損《そこ》なうべからず。堪当は汝らに授けし最大の武器にして、十一月一日より十一日迄の間に、すべての成就をなさしめんとす。これによりて集る者は集り、去る者は去るなり。

なお、汝らの同志に十言神呪、並びに太祝詞事《ふとのりとごと》を伝うることを許す。極めて少数の者に限り十言神呪を、汝ら必ず手を取りてよく導き過ちなからしむべし。十言神呪は、汝ら同志をふやすことによりて、神呪の倍加、三倍加の偉大なる霊力を発揮すべし。これを大きく許すは十一月十一日なり。それ迄の間は十人を限りてそれを伝うべし。この神前にて汝ら手を取りてよくこれを習わしむべし。汝らによりて神呪を得たる者は、堪当の偉力を持ち、諸々の悩みを解消し、因縁因果を切る力を与えらるべし。

汝ら十人を限りて伝うべし。誤《あや》まること勿《なか》れ。我、汝らを愛するが故に、十六夜の月の夜、苦難あるもよくこれに耐《た》うべし。

十六夜は日没より一心に十言の神呪を修し、誠字観法を修しおるべし。我汝らに戌の刻より、亥の刻迄に告げ終るべし。

タケシツカサ明神並びにアキヒイラギ明神は、つねに汝らと共にありて、汝らよりはるか大いなる功績あるを知らざるか。汝らに「生長の家」との縁深くしつつあるを知らざるか。

十六夜迄よく一心に誠字観法を修すべし。汝らの霊性を高むるの観法なり。よくよく修すべし。相分かりたるや。

八、十六夜《いざよい》の苦難《くなん》

翌朝《よくあさ》私はカレンダーを調べてみて、十六夜の月の夜は十月二十二日であることが分かりましたので、門田先生と相談し、当日は午後六時学校の職員室で待ち合わせる約束《やくそく》をしました。ところが、その夜はまたもや台風接近のため午後三時ころより強風が募《つの》り、豪雨《ごうう》が襲来《しゅうらい》したためか、定刻《ていこく》から一時間過ぎても門田先生が来ないのです。止むを得ず自転車に乗って、二キロメートル北の照月庵をはじめ、懇意《こんい》な信者の宅を三、四軒廻りましたが、杳《よう》として行方《ゆくえ》が分かりません。もしやと思ってズブ濡《ぬ》れのまま米津浜に辿《たど》りつき、松林から浜辺にかけてあちこち探しあぐねた結果、漸《よう》く門田先生を見付けることができました。事情を聞いてみますと、定刻より三十分くらい遅れて学校へ着いたが、校門に近い宿直室《しゅくちょくしつ》へ行って、碁《ご》を打っていた先生に聞くと「この台風で、先生方はみんな早目に帰られました」と答えたので、職員室までは行かず、あわてて浜へ直行し、雨脚《あまあし》でよく見えないので、声を限りに呼び叫んでみたが、てんで姿は見えず、そのうちに戌《いぬ》の刻も迫《せま》ったらしいので禊しようとして裸になったが、一人ではとても怖くて海へ入れないので、波打際《なみうちぎわ》でチョッピリ身体を濡らしただけで正坐し鎮魂《ちんこん》に入ったが、神様のおっしゃったことは、ほんの少ししか覚えていないと言うのです。筆記用具《ひっきようぐ》は何一つ持っておらぬため、私はポケットからノートを出して、門田先生の記憶を引き出しながら書いた神示《しんじ》は次の十数行《じゅうすうぎょう》に過《す》ぎませんでした。

少彦名命の神示

統字《すじ》の神呪

統《す》ゆ水火《みほ》ゆ光《ひかり》かかふるすめろぎの　御代《みよ》開《ひら》けてぞ永遠《とわ》に安《やす》けき

これ第五の神呪にして、幸福実現《こうふくじつげん》の神呪なり。

体字《みいじ》の神呪

見《み》はるかす朝日《あさひ》あまねき青御空《あおみそら》　星影《ほしかげ》の早《は》や見《み》えずなりけり

これ第十の神呪にして、現象即実相《げんしょうそくじっそう》を示す神呪なり。

正勘当の大きさは、先に指示《しじ》せるものの四分の一に改め、二十日間以上観法を実修せし者に与うべし。詳《くわ》しくは二明神に聞くべし。

住江大神の神示

顕字《あじ》観法《かんぼう》を実修《じつしゅう》したる後、アキヒイラギ明神の「惟神《かんながら》の道《みち》」を黙唱《もくしょう》すべし。

この夜、驟雨横ざまに降り、門田先生との連絡意のままならず散々の目に逢う。

霊　示　(十月二十五日夜)

タケシツカサ明神です。

此間《このあいだ》はひどい目に遇《あ》いましたね。

けれども神様がたは喜《よろこ》ばれて、お帰りになられました。

この次もやはり米津浜で三十日の夜、夕刻《ゆうこく》から坐って下さい。今度も相当重大な御神示《ごしんじ》が住江大神様から与えられます。

少彦名命様は、明神中の明神様です。普通大明神はたくさんありますが、本当の大明神は少彦名命様です。少彦名命が今度お出でになるのは、来年ですが、我々はしかし特別に通信する方法があります。一週間くらいで通信できるのです。どうしても通信したい時はお願いするのですが、一週間はかかります。

今後も現象的《げんしょうてき》に難しいことが起きるのでしょうが、これは発展の兆《きざ》しですから、ひるんではいけません。来月の初めから目に見えてガラッと変わります。まあとにかく二人でよく協力し、十一日までは徹底的《てっていてき》に精進して下さい。十一日で大体すむはずです。今度は観法が続けて三つくらいお授《さず》けになります。

アキヒイラギ明神はちょっと留守《るす》していますが、明日の夕刻までにお帰りになります。少彦名命様をある処まで送って行かれたのです。

今度の「生長の家」の谷口先生の六十周年の催しがありますが、それにはSさんと連絡を取っておかれるといいですね。何か展開するはずです。度々ヒイラギさんと相談しているのですが、あなた方は「真理実行会」の圏外《けんがい》に立って、その渦中《かちゅう》に巻《ま》きこまれないようにして下さい。あせることはありません。

ガンドウは来月になったら、相当馬力《ばりき》をかけて出して下さい。非常に発展します。効果覿面《てきめん》の奇蹟《きせき》が十五、六現われます。

三十日は少し早目に坐って下さい。亥《い》の刻《こく》に終わります。

九、用字観法《てじかんぽう》

神示（十月三十日夜八時　米津浜にて）

我は住江大神《すみのえのおほかみ》なり。

今夕《こんゆう》、我汝らに第六の神呪《かじり》――大字《おじ》の神呪を伝《つた》えん。これ大国主命の神呪なり。汝らこの神呪、深く味わうべし。感謝《かんしゃ》の生活に入るべし。


大《おお》いなる我悟《われさと》りなばこの身《み》われ　なりなり続《つづ》くは誰《た》がためにこそ

これ万物《ばんぶつ》に感謝する神呪なり。汝らよろづの物、よろづの人、よろづの生命《いのち》に感謝せよとの神呪なるぞ。深くふかく味わうべし。

今夕、我汝らに用字《てじ》の観法《かんぽう》を伝えんとす。

用字観法は少彦名命の御稜威《みいつ》によりて、一切《いっさい》の迷《まよ》いを解消《かいしょう》する観法なり。三世《さんぜ》の因縁《いんねん》を断《た》ち切《き》るべき観法なり。我汝らにその大綱《たいこう》を述《の》べんとす。汝ら詳《くわ》しくはアキヒイラギ明神につきて、これを学ぶべし。明神、明夜子《ね》の刻《こく》詳しく教えんとす。この観法には特殊《とくしゅ》の手印《しゅいん》あれば、よくよく詳しく伺《うかが》い習《なら》うべし。

我汝らにその大綱を述べん。

先ず汝ら第三の神呪、用字の神呪を奉唱《ほうしょう》したる後、十言の神呪を唱うべし。続いて少彦名命の御名を奉唱すべし。おのおの十回をもって一唱《いっしょう》とするなり。しかる後、第三の神呪を黙唱《もくしょう》すること三度《みたび》に及《およ》ぶべし。しかしてこの神呪の指し示したる光景《こうけい》をよく心に描《えが》くべし。即ち、池に映りし月の動きあるを、よくよく眺《なが》めおるべし。やがて池の面静《もしず》かになりて、砕《くだ》けたる月の相《すがた》のまん丸に戻りたるを心に描くべし。しかる後、汝ら現前《げんぜん》する諸々《もろもろ》の因縁を心に描き、その因縁の断ち消えたる明々皎々《めいめいこうこう》たる相《すがた》を心に描くべし。強《つよ》くつよく描《えが》くべし。一切《いっさい》の迷いも三世の因縁も解消したる相を心に描くべし。描き終わらば、再び池に映りたる砕けし月を心に描くべし。砕けし月再びまどかに映《うつ》る、静かなる平和なる光景《こうけい》を描くべし。

しかる後、再び用字《てじ》の神呪を黙唱《もくしょう》し、再び少彦名命《すくなひこなのみこと》の御名《みな》を奉唱すべし。引続き十言の神呪奉唱、終わりに動字《らじ》の神呪朗唱《ろうしょう》二回にして完了《かんりょう》するものとす。

三世《さんぜ》の因縁《いんねん》、あるいは病気《びょうき》、あるいは貧困《ひんこん》、あるいはいさかい……等現わるるも、おのおのその悩みを消さんがための種々《しゅじゅ》なる法《ほう》あれば、アキヒイラギ明神につき詳《くわ》しく聞くべし。

この観法によりて、汝らはガンドウを与えし者を完全に救うこと必定《ひつじょう》なり。

霊　示（十月三十一日　照月庵にて）

アキヒイラギ明神です。

御苦労様です。用字《てじ》観法についてお尋ねになりたいとのことですが、第七の神呪が分からなかったそうですね。上の句ですか。これは第四の神呪と合わせ考えて下さい。第四と表裏《ひょうり》になっています。

用字観法ですがね、これは迷いを解消する、三世の因縁を切るための観法ですね。これには手印《しゅいん》がついています。先ず用字の神呪を二回朗唱し、次が十言の神呪、次に少彦名命の御名を奉唱致しまして、次に用字の神呪を黙唱三回、これが前置《まえおき》です。

それから用字の神呪の内容を絵に描くように強く心に描いて、次に今ここで解消せんとする迷いや因縁の現われを心に描き、次にその相《すがた》のかき消えて光明化《こうみょうか》した相を描く。次に再び用字の神呪の内容を描く。そういうことになっていますね。

その時、少彦名命の手印を致します。これはごく簡単です。［誠字印の］外印の人差指を左右交互に組めばいいのです。自然に左が下になります。人差指を他の指と同じ様に組んで曲げるのです。これが少彦名命の手印です。これを御名奉唱の時から組むのですね。

それから三世の因縁を大別して四つに分けます。第一は霊の障害《さわり》として現われておる病いの場合――この時の印は、さいぜんの少彦名命の手印に小指を上に立てて合わせるのです。第二は諍《いさか》いを因縁として起している不幸の場合ですね。諍い――心の不調和――これを因縁として起している病、その他の迷いですね。俗にいう生霊《いきりょう》の場合はこれに依るのです。この場合、親指を立てて合わすのです。

第三は経済的に悩んでいる場合です。これに無限供給を与える場合——これは広範囲に解釈して下さい——経済問題と解釈していい場合は、中指を立てて合わせるのです。第四はどうしても寿命で死ななければならない霊に限り無き命《いのち》の悟りを与え、また迷いを持って霊界で苦しんでいる霊に悟らす場合です。手印は人差指を半ば曲げて合した円《まる》の形ができますね。それが霊界における霊魂に悟りを与える手印です。

この手印を結んで、さきの心の中に色々の相を描いて、それを消す。これを心ゆくまで、適当に繰返すのです。

それで、それが完全にいったと思はれた瞬間《しゅんかん》に「エイーーッ！」と気合《きあい》をかけると同時に、外印に戻るのです。

これが印の規則です。この手印は極めて太古より行はれていたものですが、中途で廃《すた》れたものです。今復活させるわけです。

なお、一度実修して分からないことがあれば、その場で、私を呼んで下さい。何時でもお教えします。この行法をやる前に必すタケシツカサ明神と私とを呼んでおいて下さい。

この行法がすんだ時は必ず当人または、施法者代人に強い言葉の注射を打って下さい。例えば

「これで全部悟りましたから、これでご安心下さい」などとです。

なおこの後「甘露の法雨」、「天使の言葉」または両者を通じて読むことです。あと「惟神の道」を加へることも結構です。これは観法が終わりまして霊に対する祝福のためです。「悟りのために」唱えずに、「祝福のために」唱えて下さい。

なお、あなた方の同志であなた方によって施餓鬼《せがき》を受けた方には、アキヒイラギ明神、タケシツカサ明神のコールサインを教えても宜しい。理由は言わないでよろしい。ただ、これによって明神の救ひがあると告げて下さい。もし途中で困る時がありましたら、呼んで下さい。十一日迄の間、側を離れません。しっかりやってください。

次の神示《しんじ》は十一月五日。米津浜にて、昨夜と同じ時刻です。早く済みます。

神　示（十一月五日夜　米津浜）

我は住江大神なり。

今夕我汝《こんゆうわれなんじ》らに第七の神呪、小字《ほじ》の神呪を与《あた》えん。


ほのぼのと朝霧《あさぎり》の立《た》つ深山路《みやまじ》に　母恋《ははこ》ふ雉子《きぎす》の鳴《な》く声《ね》愛《かな》しも

これ少彦名命の神呪にして、偉《い》大《だい》なる愛行実践《あいぎょうじっせん》の神呪なり。神はすべてに優先《ゆうせん》したる愛行の実践《じっせん》を示《しめ》したるものなり。愛行こそ、最勝最良《さいしょうさいりょう》の法なり。汝らこの神呪を深く味《あじ》わうべし。

次に汝らに今夕伝えん。

明後七日夜、子の刻を期《き》して、我汝らに大国主命の御声《みこえ》を聞かしめんとす。当日よく精進《しょうじん》なすべし。ただし禊《みそぎ》に及ばず。よく精進すべし。悪《あ》しき言葉慎《つつし》むべし。大国主命は和《わ》の神なり。笑《わらい》の神なり。

汝ら七日は、朝より笑うべし。大いに笑うべし。汝ら精進するは認《みと》むるも、汝ら笑いにおいて足らざること、我既《すで》に指摘《してき》せるところならずや。

なお動字《らじ》観法は直接大国主命より授かるべし。汝ら精進して命《みこと》の無限供給《むげんきょうきゅう》にあずかるべし。

十、動字観法《らじかんぽう》

神示（十一月七日夜十一時　照月庵）

我は住江大神なり。

汝らに約束《やくそく》せし如く、本日大国主命と対面《たいめん》なさしめん。汝ら直《ただ》ちに命《みこと》の御名を奉唱して迎《むか》うべし。

神　示

汝ら春日明神《かすがみょうじん》の氏子《うじこ》花井陽三郎、門田博治なるや。

我は大国主命なり。

住江大神の要請《ようせい》により汝らに我が観法を伝えんとす。

動字《らじ》の観法《かんぽう》は先ず《ま》動字の神呪を朗唱《ろうしょう》すべし。二回なり。次に十言の神呪、次に我が名を朗唱すべし。十回なり。しかる時、汝《なんじ》ら動字の神呪をよく味わうべし。天地《てんち》の万物《ばんぶつ》尽《ことごと》くその使命《しめい》を全《まっと》うせんがために勤《いそ》しみおる貴《とうと》さは、汝のためなるぞ。汝のための勤しみなるぞ。汝らよくよく天地万物に感謝すべし。汝の坐《ざ》しおる処より無限の彼方《かなた》に至《いた》るまで、森羅万象《しんらばんしょう》尽くに感謝し感謝し感謝すべし。しかる時汝は天地万物と一体《いったい》となりて、一大調和《いちだいちょうわ》を致さしむるなり。即ち笑いなり。汝ら心のおもむくところ、尽《ことごと》く汝の意のままなるぞ。深くふかくそのことわりを思うべし。しかる時我が手印をなせ。

手印を伝うるぞ。先ず両手の指の各々《おのおの》五本ずつを、左内、右外、交互に組むべし。しかして人差指と親指もて円《まる》を造るべし。しかして掌《てのひら》を合わすべし。掌はやや直角に開くべし。およそ十秒にして、また掌を合わすべし。およそ十秒にして掌を開きて直角になすべし。しからば、四本の指にて造りたる円は真円となり半円となるを繰返すべし。

その時、汝ら望みを強く描くべし。汝の望み既に叶いたるものとして柔和なる面影《おももち》もて静かなる微笑みたたえて、口より静かなる息を円の中に通し入れ、円の中より呼吸をなし、再び円の中に入ること十度《たび》に及びたる時、ひとたび手印を解《ほど》きて拍手三度（三拍手）をなし、再び印を造るべし。前の如く心に描きたる時、息を円より吸い、円に吐き入れること十度《たび》に及ぶべし。

しかる後、静かに我が名を唱え、微笑みの声にて我が御名を唱え、同じ心にて再び、十言の神呪を唱うべし。結ぶ時は統字の神呪の朗唱なり。

これ動字観法なり。我が手印を示しし他は外印なること他の観法と同じきなり。

我また汝らの願いにより、我が主宰《しゅさい》する幽界《ゆうかい》の一つ二つを示さん。我が主宰する幽界は大八洲《おおやしま》国《くに》の幽界なるぞ。この国の幽界なるぞ。汝ら肉体と別るる時、汝らの醒《さ》めたる処は我が大八洲国の幽界にして、尽くの諸霊《しょれい》は幽界《ゆうかい》にて氏神《うじがみ》を捜《さが》すものなり。氏神を捜しあてる者、十人に一人中々《なかなか》あらず。捜し得たるもの我が宮に参《まい》る。わが宮において尽く選良《せんりょう》するなり。その人の霊性《れいせい》に従《したが》い、神界《しんかい》、神仙界《しんせんかい》、仏仙界《ぶっせんかい》、美妙界《みょうかい》――この四つの世界に、我が命により行くなるぞ。

神界の有様《ありさま》は汝ら聞きしところなり。神仙界の有様は汝ら再びアキヒイラギ明神につきて聞くべし。仏仙界は仏教徒《ぶっきょうと》にして、氏神《うじがみ》を捜しあてる者の行くべき処なり。生存中《せいぞんちゅう》に低《ひく》き品性《ひんせい》を持てる者、美妙界に至《いた》る。諸々の動物と生活をともにし、再び生を受くることあるべし。美妙界の実情《じつじょう》またアキヒイラギ明神につきて聞くべし。かの明神《あけつみかみ》は神界・神仙界・仏仙界・美妙界ことごとく探索《たんさく》しつくしたり。霊界の適例《てきれい》は一つひとつ詳《くわ》しく教《おし》うる処あるべし。

氏神《うじがみ》を捜《さが》し能《あた》わざる哀《あわ》れなる霊に、物質界《ぶっしつかい》にとどまる者あり。草葉《くさば》の蔭《かげ》に迷《まよ》う者あり。墓場《はかば》の下《した》に苦しみ、淋《さび》しむ者あり。これらの霊、汝ら蒼生《あおひとくさ》にあるいは憑霊《ひょうれい》し、あるいは指導霊《しどうれい》となりて、直接《ちょくせつ》おのおのの関係《かんけい》を結《むす》ぶべし。中には相当《そうとう》の人材《じんざい》、秀才《しゅうさい》あるも、氏神を捜し得ざる者は、仏教徒なるも仏仙界に至る能《あた》わず。哀《あわ》れなる生活する者まことに多し。機縁《きえん》あらば再び人生を亨《う》くべき時あるべし。

巷間《こうかん》の霊媒《れいばい》、巫女《みこ》その他に憑《よ》りかかるもの尽く信《しん》ずべからず。

我汝らに十一月二十二日の夜、再び相まみえんとす。大字観法を伝うるも、動字観法をよくよく修すべし。しかして二十三日夜これを汝らに発表の自由を与えんとするなれば、この観法を静かに独習して、汝らのものとなしおけ！

霊　示（十一月十一日夜）

アキヒイラギ明神です。

花井先生ですか？

今日お伝えしなければならぬことがあります。それはね、ある事情《じじょう》がありまして、例年全国の氏神様《うじがみさま》が出雲《いずも》へ十二日にお集まりになって、十五日に終わるのが、今年は二日早いのです。ある事情と申しますのはね、ちょっと重大なことがこの地球上に起こる可能性があると考えておいて下さい。そのため住江大神様も、昨日来出雲にいらっしゃいます。それで今日は私が代わりまして、住江大神様のお言葉を取りつがせて貰《もら》います。

このことと申しますのは、地球上の重大事件……近日中に起ることになっている非常に重大な問題で、影響は日本全体に及びます。これをどう処理するかという問題で重大な会議が行はれているわけです。で、住江の神様のお帰りになるのが、予定通り行って十六日ですから、ご苦労ですが、十六日に禊して頂きたいのです。しかしそれ迄に変更があればお報せします。

第八の神呪をお伝えせよとの御言葉《おことば》です。

第八の神呪――三字《みじ》の神呪は住江大神様の神呪です。それは「水」ですね。

みそそぎの聖《きよ》き心《こころ》を保《たも》ちてぞ　まことの神《かみ》はあらわるるなれ

みそそぎは単に禊《みそぎ》と思うと間違《まちが》います。より精神的《せいしんてき》なものであると同時に、水の無相《むそう》を歌《うた》ってあることに気をつけて下さい。これは後に三字観法をおやりになる時に、非常に大事なことです。この観法をやることによって、いわゆる禊を成就《じょうじゅ》するのです。

「まことの神」という意味《いみ》もよく考えて下さい。常識的に考えないで、この言葉の奥《おく》に深い意味があります。この三字観法は、本当は今夜《こんや》同時《どうじ》に住江大神様からお示しになる予定《よてい》でしたが、延《の》びまして十六日に頂《いただ》けると思います。

それから先般《せんぱん》お授けの動字観法ですね。大国主命様の御言葉は簡潔《かんけつ》なので、分かりにくい処《ところ》があるのです。私からもう一度詳しくお伝えせよとのことです。

最初からもう一度申し上げます。先ず動字《らじ》の神呪。それから十言《とこと》の神呪。次に大国主命の御名《みな》奉唱《ほうしょう》、ここはその通りです。それから動字の神呪を深く味わいながら、即ち動字の神呪を哲学《てつがく》しながら……この間五分位で、次に移ってもらうのが普通です。

そこで手印を組みますが、これは有名な大国主命の印で、開印閉印と称し二種類あります。先ず開印《かいいん》から申し上げますと、左を手前《てまえ》、右を向側《むかいがわ》と言うように、十本の指《ゆび》を第一関節《かんせつ》のところで浅《あさ》く組みます。そして、人差指《ひとさしゆび》と親指《おやゆび》を伸《の》ばして、なるべく真円《まんまる》に輪《わ》を作ります。輪ができましたら、他の六本の指の先を曲げます。これを開印と申しまして、願いごとを大国主命が受取《うけと》ってやろう……こういう印なんですね。申し落としましたが、開印の場合、掌《てのひら》の角度は直角《ちょっかく》以上《いじょう》になります。百度《ひゃくど》くらいがいいじゃないかと思います。

それから閉印です。閉印の場合は組んでありますす指を少し深くするのです。そして、ペタッと掌を合わせ、人差指と親指の円はほどくわけです。親指を外の方へ張りますと、稍々《やや》半円に似た形となります。

この閉印は大国主命が願いを受取った、という「しるし」なのです。これは大国主命の観法ですが無限供給《むげんきょうきゅう》を祈る場合、広く解釈していいのです。「幽界《ゆうかい》の長《おさ》」である大国主命にお願いするわけですから、幽界で迷っている霊魂《れいこん》を大国主命に「どうぞ氏神様が分かるように、特別のお手配《てはい》を頂《いただ》きたい」という願いは極めて自然《しぜん》ですね。この印《いん》で通《つう》じます。大国主命のお働きに合わせて、人生《じんせい》百般《ひゃっぱん》のお祈りをすればいいのです。何故《なにゆえ》無限供給が大国主命の受持ちになるかと言えば、無限供給は「さわり」のない人間に与えられるのです。

本当の相《すがた》――それが霊的に障害《しょうがい》されて無限供給が途絶《とだ》えるのです。障害《さわ》っている者は大国主命の世界で呻吟《しんぎん》しているわけです。たまには例外がありますが、地縛《じばく》の霊は全部この幽界で呻吟《しんぎん》しています。この印とこの観法によって、直接大国主命の御心《みこころ》と、この観法の行者《ぎょうじゃ》の心とが通じるわけです。どんなお願いでもできるわけです。その時の暗号《あんごう》がこの手印です。

それで、最前の動字の神呪を深く哲学《てつがく》したあとで、この印を十秒間隔《じゅうびょうかんかく》で開印閉印と十回やるのです。と同時に、心の中で大国主命にお願いすることを強《つよ》く念《ねん》じます。

その次に、今度は大国主命に喜びと感謝を表明《ひょうめい》した表情で、口に微笑《ほほえみ》をたたえて目を細くして、喜びをたたえた心持《こころも》ちで、開印の穴の中へ細く長く息《いき》を吹《ふ》き込んで、細く長く息を吸うのです。この呼吸を十回やるのです。その間、最前の願いが完全《かんぜん》にかなったと思うのです。即ちそのかなった情景《じょうけい》を心に描くのです。感謝《かんしゃ》しながら描くのです。秘訣《ひけつ》は成就《じょうじゅ》したと信ずることなんです。そうすると、喜《よろこ》びや感謝は自然、必然的《ひつぜんてき》におきてくるわけですからね。その喜びの気持ちが強まるまでやるわけです。

この十回の呼吸は繰返《くりかえ》していいわけで、十回でも二十回でも三十回でもいいのです。この円《えん》の中《なか》に息《いき》を吹《ふ》き込《こ》んで、円の中から息を吸うことは、我が願いが大国主命の御いのちに溶《と》け合《あ》って、この息をもって一体となる法則を象徴化《しょうちょうか》したものです。

そこで三拍手します。

この意味は「時間」「空間」「我《われ》」の三つであって、大国主命の御いのちが実現した、現実化したという意味です。

その次に開印を作ります。我が願いが完全に成就《じょうじゅ》したのですから、あとは大国主命の御いのちを、我が身体に受けるという意味で……つまり、大国主命の御いのちを頂くという意味で、まず息を吸い、次に息を細く吐《は》き、また大きく吸《す》うのです。それは十回単位《たんい》でやります。ここでも、実現した喜びを心に描いて、感謝と笑いと喜びの心を忘れぬようにして下さい。「楽《たの》しい」「嬉《うれ》しい」という言葉をこの呼吸の中に挟《はさ》むと感謝ができます。大体《だいたい》、それでいいのです。

最後は大国主命の御名奉唱、十言の神呪、統字《すじ》の神呪二回です。

この観法はあなた方が毎日続けて十日間やって、よく会得《えとく》したら、二十三日には同志《どうし》に限《かぎ》ってお許《ゆる》しになっていいのです。

もうひとつ、誠字《まじ》観法、用字《てじ》観法は許可になっています。顕字《あじ》観法が徹底《てってい》してから、誠字観法を伝えるようにして下さい。用字観法を伝える場合は、誠字観法に続く観法ですから、真理《しんり》と同体《どうたい》となって、不退転《ふたいてん》の決心をお示しの方にだけ注意深くお許しになるといいのです。誠字観法をやった後、続けて用字観法をやると強力なものになります。何等《なんら》かで穢《けが》れたとか、心境が冴《さ》えないとかいう場合は、誠字観法をやった後、続けて用字観法をやるといいのです。

十六日はおえらいですが、やってください。

陰暦十月は神無月《かんなづき》と申しまして、幽界の神様の処へ全鎮守《ぜんちんじゅ》の神々《かみがみ》が集まられ、重大な事柄《ことがら》を協議《きょうぎ》し、その間人界霊界《じんかいれいかい》の決裁《けっさい》をなさるのです。今年は例年より会議が長いわけです。先般の警告的《けいこくてき》なことが、地上に実現するかもしれませんが、非常な秘密会議《ひみつかいぎ》ですから我々も分からないのです。分かっても発表《はっぴょう》できないのです。タケシツカサ明神は出雲《いずも》へ行かれましたから、この様子《ようす》は後刻《ごこく》タケシツカサ明神から聞かれると思います。十六日は浜《はま》で禊をして、こちらへ帰って下さい。同志を誘《さそ》ってもいいのです。今日はこれで失礼します。

神　示（十一月二十二日夜　照月庵）

我は住江大神なり。
我汝らに第九の神呪、幽字《かじ》の神呪を伝《つた》えん。
輝《かがや》きは照《て》り徹《とお》らせり天津日《あまつひ》の　奇《く》すしくもあるか優《やさ》しくもあるか

これ幽字の神呪、即ち天照大御神の神呪なり。天照大御神の奇《く》すしくも優《やさ》しき御姿《みすがた》を歌《うた》えるものにして、大御神の御本体《ごほんたい》が美《び》と愛《あい》との本質なることを歌えるものなり。大御神の御本質は愛と美との兼《か》ね備《そな》わりたるものなることを教えるものにして、大御神の御稜威《みいつ》を頂く者は、宇宙の森羅万《しんらばん》象尽《しょうことごと》く愛と美に輝《かがや》くものなるぞ。汝ら大御神《おおみかみ》の大御心《おおみこころ》を体《たい》して、汝らの生活に生くる時、汝らの生活は最高《さいこう》にして最善最美《さいぜんさいび》の生活となるものぞ。この幽字の観法を独習《どくしゅう》し得たる者は、即ち仏教における菩薩位《ぼさつい》を獲得《かくとく》せるものなることを知れ。観世音菩薩の妙智力を既に獲得せるものなるぞ。

我、幽字の観法を伝うるはなお一月の後なるも、汝らよく総《すべ》ての観法につき、よくよく実修すべし。多くの者に教うる機会《きかい》は汝らに指示《しじ》すべし。

本日与えたる幽字の神呪により、汝らに与えたる神呪は十《とお》と相成《あいな》り、これらを綜合《そうごう》することによりて、汝ら宇宙《うちゅう》の真理を貫《つらぬ》くに、縦、横二つの真理のほかに角立《かくたつ》の真理を与えたることをよくよく考え、これらことごとくを組立つべし。かつ、角立の真理は全部の中に四つあると知るべし。かくの如くにして組立てたる宗教《しゅうきょう》は、これ即ち我、汝らに伝えたる大経《だいきょう》と成りて、宇宙を統《す》べる宗教と相成るべし。

汝ら向《むこ》う一ケ月の間、即ち十二月の十六夜《いざよい》の月の夜までに、必ずこれをまとめて我に示すべし。我しかる上において汝らの足らざるを補《おぎな》い、汝らをしてこの教を会得《えとく》せしむるの道を講《こう》ぜんとす。これらはアキヒライギ、タケシツカサ両明神の協力を受《う》くべし。

なお汝らに告《つ》げん。

汝ら知らざるも、今や世界的変転期《せかいてきへんてんき》に至《いた》り、神界においては毎日毎夜重大なる会議開《ひら》かれおるなるぞ。この変転は少なくとも昭和二十九年に起《お》きるべし。会議は只今《ただいま》進行中にして、少なくとも向う十日間を要《よう》すべし。


なお汝らに告ぐ。

来月二十三日は皇太子《こうたいし》明仁《あきひと》の誕生日《たんじょうび》なるにより、汝ら大いに決定《けつじょう》し、行に励《はげ》むべし。汝らこの日をもって一大転機あることを前以《まえもつ》て知らしめ置くべし。汝らよく我が教えを守りて真行《しんぎょう》の禊をなしたるにより、当分の間禊はなさしめず。汝らなおよく十言の神呪を修すべし。少なくとも一日十《じっ》唱《しょう》欠かすべからず。これ汝ら向う一ケ月間の行にして、これを怠《おこた》りなば、アキヒイラギの声を開くこと得ざらしむべし。十言の神呪を真に行ずるならば、必ず最高の悟りに至ること、我再三繰返《さいさんくりかえ》したるところならずや。アキヒイラギ明神並びにタケシツカサ明神汝らに協力すること、明年《みょうねん》二月二十三日まで延期《えんき》致しおくこと、今夕厳命《げんめい》するなり。

我最後に汝らに告《つ》げん。

来るべきこの大変化は、昭和三十三年十一月十一日に決定さるべき宇宙最大の大変化の前《まえ》ぶれとなるものにして、明年三月に及びて大経を堂々天下に宣布《せんぷ》せしめんとす。

なお我汝らに本月三十日の夜、再び相《あい》まみゆることを約束す。

汝らその時再びこの富士神社《ふじじんじゃ》の宮居《みやい》に参り、夕刻酉《とり》の刻より我が示すところを聞くべし。

霊　示　（同夜）

アキヒイラギ明神です。

神界でこの一週間の間に、変なことが相次《あいつ》いで起《お》きています。ちょっと皆様には想像《そうぞう》はつかないと思いますが、いろいろ出入《でい》りがあるのです。タケシツカサ明神も帰《かえ》れないのです。毎日三十回、私と連絡《れんらく》をとっています。情報《じょうほう》は入れてくれますが、とにかく毎晩現象界《まいばんげんしょうかい》へ投影《とうえい》する方法について、神々の間で論議《ろんぎ》が繰り返されています。その結果、今のところ約三月《みつき》延期になることは確かです。世界的の大事件《だいじけん》――政治的大事件が起きます。二月の末と思います。日本もこれに必然的に巻き込まれると思います。その時、日本の在《あ》り方《かた》が今のままでは困《こま》るのです。そこでいろいろの論議が重ねられているのです。この一週間ないし十日ほどの間に確定的《かくていてき》なものが出ると思います。その都度《つど》お知らせしていいことは知らせます。相当の覚悟をもってください。段々と忙しくなると思って下さい。

今夜、住江大神様の御神示《ごしんじ》をいただきましたね。大抵《たいてい》分かったでしょう。角立《かくたつ》が分かりませんか。これは古《ふる》い言葉《ことば》でしてね。角《かく》は「角《かど》のある四角《しかく》いもの」、立《たつ》は「立体的《りったいてき》な高さ」と思って下されぱいいのです。「角立」は角のある四角いものが立つという意味です。神呪が全部済みまして、これにより材料が備わったわけですから、立派《りっぱ》な建築《けんちく》を作って下さい。あなた方の力でできるはずです。縦《たて》・横《よこ》の真理――この場合、縦《たて》の真理《しんり》は実在的《じつざいてき》真理、横《よこ》の真理《しんり》は価値論上《かちろんじょう》の真理――で、そこへ角立の真理（霊的立体的真理）が加わるのです。「生長の家」の真理が立体的になったわけです。

立体的になったならば、万教《ばんきょう》がすべて帰一《きいつ》するわけです。一週間はよくよく誠字観法をやって考えて下さい。宇宙根本《うちゅうこんぽん》の大真理をお二人が別々《べつべつ》に組立《くみた》ててもいいのです。組立てが終わってから拝見して、意見を述べさせてもらいます。出来上がったものを住江大神様に伺《うかが》って、完全《かんぜん》なものにして下さい。

明年一月あなた方は完全な観法を頂かれるわけです。この観法中大事なのは、統字《すじ》観法と体字《みいじ》観法です。これは宇宙最高の観法です。穢《けが》れた所では頂けないのです。そこで六甲山《ろっこうざん》へ登って頂くよう、私がお願いしたわけです。他の観法については、幽字の観法を除いて私がお伝えすることになっています。この三十日の晩《ばん》に二つほどお伝えしましょうか。

それから、そうそう……霊界《れいかい》の四つの世界についてお話せよ、ということになってましたね。第一は美妙界《みようかい》[注四]です。ここにはいろいろなものがおります。例えば、動物霊、植物霊、氏神を見付けて大国主命の手にすがった霊魂、救うべからざる罪業《ざいごう》を持っていても、最後に霊的にあるいさおし（功績《こうせき》）を立てた人霊は美妙界です。霊界四界のうち九十パーセントまでは美妙界に居ます。この霊界は百燭光《ひゃくしょくこう》の電燈《でんとう》の明るさの世界で、恐怖心も、不自由もない世界ですが、完全にまだ修行ができなくて向上がないので、この霊魂が向上するためには、再び人霊に生れ変わらねばならぬわけです。多くの場合、身障者や虚弱な体質の人霊になる場合が多いのです。次の生で霊的に飛躍《ひやく》するのです。

美妙界から仏仙界へ飛躍するには、十回くらい生《う》まれ変《か》わります。その間堕《かんお》ちる者も上《のぼ》る者もあります。ただし向上《こうじょう》する者は遥《はる》かに少ないのです。この世界は地球に一番《いちばん》近いので、地球の引力《いんりょく》がまだ働《はたら》いています。一応行動の自由も人間ほどではありませんが、やや束縛《そくばく》されています。

その上の仏仙界《ぶっせんかい》、神仙界《しんせんかい》は引力《いんりょく》が働かず、向上は自由です。これら二つの霊界は、地球の昼《ひる》の明るさのある世界で、恐怖心《きょうふしん》は一切《いっさい》無《な》く、再びそれ以下の世界に生れ変る者、仏仙界へ生れ変る者などがあります。再び神仙界へ来る者もあり、神界の末端《まったん》へ来る者もありまして、私――アキヒイラギ明神――はそれです。中には仏仙界から人界《じんかい》へ降《くだ》る者もあります。

神仙界は人霊《じんれい》にして神に祭《まつ》られた人が大多数《だいたすう》おられます。その人の愛玩《あいがん》した者や従者《じゅうしゃ》もここへ来ます。例えば、東郷元帥《とうごうげんすい》は神仙界におられます。神仙界は天照大御神の御稜威《みいつ》が、仏仙界より多く頂ける世界で、仏仙界より明るい世界です。新生《しんせい》と同時に眷属《けんぞく》として働く植物霊・動物霊もおります。この神仙界の修行によって向上が与えられ、率《りつ》からいって一万人中の一人が、修行して神界の末端へ来ます。谷口雅春《たにぐちまさはる》先生の前生《ぜんせい》は神仙界で、今度は神界へ行かれることは間違いないと思います。あなた方の前生は仏仙界で、それから二度地上に生まれ変わり、今度はいい世界へ上っていただけるわけです。

それから神界ですが、ここは五段階あります。第一階は幽身《かくりみ》の神様、即ち少彦名命様、住江大神様、春日明神など。第二階は釈迦《しやか》、キリストなど沢山おられます。第三階はカント、ヘーゲルなど。第四階と第五階は龍神《たつみかみ》、明神《あけつみかみ》たちです。第三階の神と第四階の神の比較《ひかく》は困難《こんなん》です。神界での向上は一億年《いちおくねん》に一インチも延《の》びないのであって、ほとんど完全に近いわけです。

私どものおる第五階には強力な龍神が多くおられて、「無言《むごん》の行《ぎよう》」をなさっています。直《ただ》ちに第四階へ上られる方々です。その力はこの世界の神々の中で最右翼《さいうよく》です。ここにはまた明神も沢山おられますが、無言《むごん》ではなくて言葉で話されます。その他の詳しいことはまたの機会《きかい》にゆずります。

想像外《そうぞうがい》のことは植物《しよくぶつ》の霊《れい》で、神界に関係したものが多いのです。背《せい》の高い樹木は尊《とうと》い力がありますので、仮初《かりそめ》にも不浄《ふじよう》をしないようにして下さい。これらの樹木《じゆもく》は神界から霊波《れいは》を送られていますから、不浄することは穢《けが》れとなります。大祓詞《おおはらいのことば》を読《よ》むと植物の世界がお分かりになると思います。

霊　示（十一月三十日　富士神社）

花井先生、アキヒイラギ明神です。

五社神社。浜松市中区利町に鎮座

住江大神様のおことづけを先に申し上げます。誠字《まじ》観法、動字《らじ》観法がまだ完全にできていない、特に、誠字《まじ》観法が難《むつか》しいという観念《かんねん》でおられることはいけないという御注意です。

十二月三日午後六時から七時までの一時間、誠字観法、動字観法を続けてやって頂きます。こちらは花井先生が五社神社、門田先生が岡山神社で、時間を正確にやって頂きまして、予定通りに行けば、その時、門田先生はよく祓った奉書十枚を用意願いますと、本当の自動書記現象を与えるそうです。その時間を食《く》い違えない様にして下さい。正七時、十言の神呪、住江大神御名奉唱、筆は小筆ですが、あんまり小さいのも困ります。

三日は精進して下さい。私の誕生日です。お祭りはいりませんがね、その時、自動書記は七時から七時五十分までかかります。八時から私とタケシツカサ明神とを同時によんで下さい。これは奉書へ二枚でいいのです。これも自動書記です。

門田先生に注意があります。自動書記の際よく祓ったさらし木綿で目隠しして下さい。岡山神社の拝殿で午後七時に目隠しして筆に墨をつけて奉書の前に端座し、手を垂直に前方へ延し十言神呪、住江大神御名奉唱をおやりになるのです。

花井先生も同じ姿勢をとるのです。こちらでも八時から私たち二人を招《よ》んで頂くと一寸面白いお報せをします。

その次の神示は十二日にして下さい。これは禊が必要です。神示は五社神社でおやりになることと。門田先生は十一日にこちらへ帰る必要があります。

今日、大字観法、小字観法の二つをお報せするお約束をしましたが、自動書記現象で、住江大神様がお伝え下さると言われておられます。

十二日に三字観法、即ち「みそそぎ」の観法です。誠字観法について神様は御不満です。なお、御注意しておきますが、今度十日頃、真理実行界から少し波が来ますが、断固たる態度で応接して下さい。

他に何かお訊ねしたいことはありませんか。大国主命様の動字観法の手印と呼吸は花井先生のお考え通りで結構です。タケシツカサ明神の霊界通信は三日の日にあります。

しかし今度、住江大神様の御計画の自動書記は厖大《ぼうだい》な大変大事なことです。二人の呼吸が如何に合うことが必要かということが分かります。その時は正確な時計を用意して下さい。神呪一つが食い違ってもいけません。ローソクか懐中電燈を準備して下さい。神呪をあげる時ラジオが聞こえればいいですね。十言の神呪をあげるのが十秒狂うと上手《うま》くいきません。これは大経の……とおっしゃっておられます。非常に記念になるらしいのです。その日は一昼夜よく精進して下さい。

門田先生は専《もっぱ》ら気をつけて下さい。

【注四】「美妙界」について。原稿は魅妖界、ミヨウ界となっているが、旧版のままとした。(編者注)

十一、大字《おじ》観法《かんぽう》

神　示　(十二月十二日夜　五社神社にて)

我は住江大神なり、我は住江大神なり。

我汝らのために第六の神呪、大字《おじ》の神呪による大字観法を授けん。

第六の神呪は大国主命の神呪にして、まず汝ら大国主命の閉印をなして、大字の神呪を唱うべし。しかる後、十言の神呪。しかる後、大国主命の御名奉唱、この時大国主命の開印をなすべし。

再び閉印に戻《もど》りて、大字の神呪を三《み》たび唱うべし。心にて唱《とな》うるなるぞ。この時、汝ら心のうちに汝の今在《あ》る相《すがた》を心に描きて、この相こそ如何《いか》なるものの恩寵《おんちょう》にてかく在《あ》るかを考えながら、感謝の気持ちにて唱うべし。

唱え終わりたれば再び十言の神呪につきたる開印にて、静かに口中《こうちゅう》にて十言の神呪唱うべし。少なくとも二唱以上唱うべし。この時汝ら宇宙根本の天照大御神の御いのちと汝の生命との関係をよく考うべし。汝の色身《しきしん》ことごとくをして、大御神の御いのちに溶《と》け入りたる心持ちにて、汝十言の神呪の閉印をなすべし。この閉印を汝の胸《むね》に強《つよ》く当《あ》て、「我宇宙の大神と一体」なることを心に強く宣誓《せんせい》し、しかる後、汝大国主命の開印をなして、それにて造《つく》りたる鏡《かがみ》に映《うつ》りたる汝の相を観《み》て、数多《あまた》の善《よ》き因縁により、汝の今在《いまあ》る大《おお》いなる喜《よろこ》びの実現《じつげん》したることを考え、その諸々《もろもろ》の因縁に深く感謝すべし。感謝に浸《ひた》る時、印を再び閉印になして、汝の祖先《そせん》を次々に思い浮かべ、祖先の恩寵に感謝すべし。感謝の念《ねん》強く起きたる時、閉印のままにて腕《うで》を高く差上《さしあ》げ、最上段《さいじょうだん》にかざし上げたる後《のち》、静かにおろして口《くち》に至りたる時開印となして、大国主命の御名を奉唱すべし。

この時汝らの守護神正一位黒金龍神《くろがねりゅうじん》、正一位白銀龍神《しろがねりゅうじん》に強き御加護《ごかご》と御指導《ごしどう》とを願いおくべし。汝らこれを人に伝うる時は、「神の御旨《みむね》により、我が守護神に感謝するものなり」と唱《とな》えさすべし。

この時霊感《れいかん》ある者は、おのおのその守護神を知るに至るべし。この観法百回に及ぶなれば、必ず力ある守護神を頂きて、その運命《うんめい》と実行力とに格段《かくだん》の向上変化《こうじょうへんか》きたすべし。この間《かん》の行法《ぎょうほう》を正確《せいかく》に、念入りに致すべし。最後に再び十言の神呪を唱え、小字《ほじ》の神呪の朗唱して終わるべし。

小字の神呪は別なる手印を与うべし。これ即ち少彦名命の裏印と称《しょう》するものにして、愛を象徴する手印なり。

即ち先ず両手を正しく合掌すべし。しかしてその儘の相にてやや手を開きつつ汝の胸に至らしめ、親指と小指を広く開きて、親指の尖端は汝のミゾオチに当てがうべし。小指は強く、より遠く開くべし。しかして強く各々の五つの指に強き力入りたる時、電力の如き力汝の全身に伝わるべし。これ小字の手印、即ち少彦名命の裏印なり。

我汝らに大字《おじ》の観法を伝えたる今日より三日の後、再びこの社《やしろ》に来《きた》るべし。その間にこの大字の観法実行二十回に及ぶべし。汝ら大字の観法をまたよくよく励《はげ》むべし。次に三日にして、即ち十八日に三たびこの社に来るべし。

さらに一言汝らのために、我強く言うことあり。汝ら二人の胸に、如何なる障害《しょうがい》あらんとも、必ず初期《しょき》の目的を達すること、また強く知らしめおく。その証拠《しょうこ》に二十一日夜汝ら四たびこの社にきたりし時、汝らの同志八人を限りて汝らの周囲に並び坐《すわ》らしめ、神の声を伝え聞かしむべし。同志にこの神の声聞くことにより、おのおのその生涯《しょうがい》をこの道のために献《ささ》ぐること間違《まちが》いあることなし。汝ら自信《じしん》を持ちて進むべし。自信を失《うしな》うべからず。この月は汝らにとり形の苦難を伴《ともな》うなれど、その苦難を超《こ》ゆることによりてのみ、聖《きよ》くして大いなる教えの基《もとい》開くこと、汝らよくよく心にとどめおくべし。

十二、小字《ほじ》観法《かんぽう》

霊示（同夜、五社神社にて）

アキヒイラギ明神《みょうじん》です。

花井先生、小字《ほじ》観法を申《もう》し上《あ》げましょう。

御承知《ごしょうち》のように少彦名命様の裏観法ですね。表は正々堂々《せいせいどうどう》と因縁を三世《さんぜ》にわたって断《た》ち切る観法です。これは皆さん精進しておりますから宜《よろ》しいのですが、裏観法ももちろん因縁を断ち切る観法ですよ。ただし表と違うところは、表は智恵《ちえ》で断ち切ったのですが、裏は愛《あい》で断ち切るのです。

例によって小字の神呪をやります。その時の手印は、少彦名命様の表印を御承知のような指の組み方から掌《てのひら》を開きます。それをややすぼめて、中へ卵《たまご》を入れてあるという気持ちの程度《ていど》の空間を残しまして、手首《てくび》の所《ところ》でせばめるのです。掌を開いておったのをせばめてくっ付けると、卵を挟《はさ》んでいる恰好《かっこう》になりますね。それが裏印です。

それから例によって十言《とこと》の神呪をあげます。この神呪は非常に愛情《あいじょう》をこめて唱えて下さい。表は堂々とやりますが、こちらは愛情をこめて、優《やさ》しくやることなんです。それから同じように少彦名命の御名《みな》を奉唱しますね。それから小字の神呪を三回黙唱します。これは紋切型《もんきりがた》です。

小字《ほじ》の神呪を黙唱《もくしょう》しながら、しかしこの時ですね、自分が「全衆生の親である」「全衆生はわが子である」という心持《こころも》ちで黙唱するのですね。この場合できるだけゆっくり黙唱されるといいのです。歌の意味を噛《か》みしめると、その感じが出るはずです。その時の印も裏印のままです。それが済《す》みますと、次のように黙念します。

「我《われ》、一切衆生《いっさいしゆじょう》を愛《あい》す
一切衆生の悲《かな》しみは、我が悲しみなり
一切衆生の苦《くる》しみは、我が苦しみなり
一切衆生の喜《よろこ》びは、我が喜びなり」

その四句を十回くらい黙唱します。かすかに声を出しても構《かま》いません。それがすみますと、

「少彦名命様《すくなひこなのみことさま》！
私《わたくし》によって救《すく》いとられる一切衆生《いっさいしゆじょう》は、
必《かなら》ず神様《かみさま》を礼拝致《らいはいいた》します」

と申上げます。

この神様というのは、少彦名命様を指《さ》して言うのですよ。そうすると、そこで一切衆生の業因縁《ごういんねん》を──現象上《げんしょうじょう》の喜《よろこ》びを苦《くる》しみにひっくるめて、一切《いっさい》を少彦名命様に捧《ささ》げるという気持ちになるのです。そこで完全に罪《つみ》がさすらい失《うしな》われるわけです。少彦名命様の御神徳《ごしんとく》の中へ、一切の罪《つみ》が溶《とけ》け込《こ》んでしまう。ですから、その想念《そうねん》は強《つよ》くやって頂きたいのです。

それから少彦名命様の表印に返りまして、次のように黙念します。

「少彦名命様の御神徳《ごしんとく》は宇宙全体《うちゅうぜんたい》に輝《かがや》きわたり、一切《いっさい》の悪業《あくごう》、悪因縁《あくいんねん》は消《き》えてしまう」

その相《すがた》を、太陽の光が、旭《あさひ》が昇《のぼ》るように、暗黒《あんこく》のとばりを破《やぶ》って大空一杯《おおぞらいっぱい》に広がるすがたを、強くつよく描くのです。そこは黙念です。この神呪は火の神呪ですから、月を描かず、太陽を描くのです。一杯にひろがり切って、少彦名命様を象徴《しょうちょう》する太陽の光が、即ち天照大御神様の御稜威《みいつ》が、宇宙一杯にひろがり切ったと思われる瞬間《しゅんかん》に、「エーイッ！」と気合を入れるのです。

それが終《お》わると、再《ふた》び裏印に戻《もど》りまして、

「我《われ》、生《い》きとし生《い》けるもの尽《ことごと》くのいのちの中に生くるなり

我、生きとし生けるもの尽くのいのちの中に生くるなり」

これを十回ないし十五回黙唱します。これは、「我が生くる」という意味です。それが済んでから再び表印に戻りまして、少彦名命御名奉唱、十言の神呪奉唱、三字の神呪朗唱二回で終わります。

三字の神呪の手印を申します。十言の神呪の手印のうち、中指と人差指とを二本共合わせるのです。

ただし、御注意しておきます。この小字《ほじ》観法をやる時、自己《じこ》の家族《かぞく》あるいは先祖《せんぞ》、いわゆる肉身的《にくしんてき》つながりを全然考慮《ぜんぜんこうりょ》に入れないことです。肉身以外の者との差別《さべつ》をなくさないと、本当の神とは言えないのです。特にその注意が必要なのです。

そして、この用字《てじ》観法をやってなお未完成《みかんせい》と思われる場合、小字観法をやると完全に因縁が切れます。同時に、用字観法により因縁を背負《せお》いこんだ場合、背負いこんだ因縁が切れるのです。従って非常《ひじょう》に強烈《きょうれつ》な因縁のとき、あべこべに小字観法を先にやって、次に用字観法をやるといいのです。

同志の因縁を切ってやる場合、この小字観法は百効です。この観法は簡単ですから用字観法ができておれば直ぐできます。十回やってください。十八日に三字観法をお伝えします。

十三、三字観法《みじかんぽう》

霊　示　（十二月十八日夜　五社神社にて）

アキヒイラギ明神です。

花井先生、よく精進《しょうじん》して下さいました。

今日は引続きまして、三字《みじ》観法をお伝えします。御承知のように住江大神様の観法です。

この観法は伊邪那岐命《いざなぎのみこと》が筑紫《つくし》の日向《ひむか》の橘《たちばな》の小門《おど》の阿波岐原《あわぎはら》に禊祓《みそぎはら》い給《たま》いし時生《ときうま》れたる、四柱《よはしら》の祓戸《はらえど》の大神《おおかみ》の御加護によりまして、修《しゅう》さなければなりません。従いまして、先ず最初は三字の神呪、十言の神呪奉唱、住江大神の御名誉言《よごと》これは外印で唱えます。これは人差指と中指を直立して合わせるのです。それが終わりますと、

イザナギノミコト（十回）

セオリツヒメノミコト（十回）

ハヤアキツヒメノミコト（十一回）

イブキドヌシノミコト（十二回）

ハヤサスラヒメノミコト（十一回）

五柱《いつはしら》の神様の御名を黙唱し、何時《いつ》もしておりました方式《ほうしき》で、感謝の気持ちをこめて唱え奉ります。早さは相当早《そうとうはや》く、回数《かいすう》だけ唱えてよろしいのです。この時、イザナギノミコトの印は十言の神呪の印で、四柱の神様は住江大神の印に戻ります。住江大神の御名は九回唱えます。分かりましたね。

それから三字神呪を三回黙唱。その時あなた方は米津浜《よねづはま》で禊《みそぎ》しますね、あの時の気持《きも》ち、あの時の状態《じょうたい》を心に浮《うか》べながら黙唱します。

「我今、一切《いっさい》の穢《けが》れを祓《はら》って神の御前《みまえ》に坐《ざ》す

我が全身《ぜんしん》に一点のけがれ無し」

これを十回唱えます。小声でも構いません。次に、

「我が全身に働き給《たま》う神を神界より遣《つか》わされて世《よ》の光《ひかり》たらんこと、我が願いの如《ごと》くなり」

と唱えます。あなた方の願い――「世の光」となるその願いがかなって、今神界の神様が「我」においてて働き給うのです。ああ有難いことであるという気持ちが深《ふか》まってくるまで、念じます。その時、あなた方に教えを垂《た》れ給う住江大神様を、具体的に心眼《しんがん》に描いて礼拝します。分かりましたね。礼拝する時は、手印の中に全身を前に俯向《うつむ》けて、その手印に額《ひたい》を押《お》しつけるようにして、敬虔《けいけん》に礼拝するのです。礼拝が終わったら、もとの姿勢《しせい》に返《かえ》って、次の如く黙念します。

「我今住江大神の御稜威《みいつ》を頂《いただ》き尽く無我《むが》なり
我今、思慮分別《しりよふんべつ》を超越《ちようえつ》したり
我今、神の御心《みこころ》の中《なか》に溶《と》け込《こ》みたり
我《われ》は、我生《い》くるにあらず
神《かみ》、我に在《あ》り給うなり」

各十回ずつ念じます。

「我は思慮分別《しりよふんべつ》を超越《ちようえつ》したり」と心で、こう黙念していることが思慮分別ですが、「その思慮分別無《な》し！」と、二重《にじゆう》に断ち切る気持ちが必要です。それが済みますと、さらに黙念を続けます。

「我今、世の光なり
我今、神のみを観《み》る」

これを十回以上小声《こごえ》で唱《とな》えます。黙念《もくねん》でもよろしいのです。その時静《しず》かに半眼《はんがん》を開き、前方、眼《め》の高《たか》さを正視《せいし》します。次に、

「我が神の体《たい》は大宇宙なり」

と唱え、再び瞑目《めいもく》します。瞑目と同時に、大宇宙の大いなる相《すがた》とあなたの環境《かんきょう》を全部心に浮べ、

「これら皆、神のからだ、神の御心《みこころ》によりて斯《か》く在《あ》るなり」

と黙念《もくねん》します。分かりましたね。

ここで再び住江大神の御名を唱え、十言の神呪を唱え、最後に幽字の神呪を二回朗唱します。この時の手印は天照大御神の内印です。これが三字観法です。

この観法は禊を成就し、静かに御神徳《ごしんとく》の中に溶け込む、悟《さと》りの観法です。これによって、摩訶《まか》止観《しかん》すら及《およ》ばなかった境地《きょうち》が開けます。

二十一日は午後九時から、こちらの神社でやって下さい。この観法は必ず五回やって下さい。完全にやるには相当時間《じかん》がかかりますよ。これは悟《さと》りの観法です。

霊示（十二月二十一日　五社神社にて）

アキヒイラギ明神です。

花井先生、お約束《やくそく》の神呪の組立《くみたて》が未完成ですね。組立が誤っている個所《かしょ》が一ケ処あります。それは大字《おじ》の神呪です。あれは縦《たて》ではなくて横《よこ》の真理ですね。人間と人間との関係を……先祖から親

からの、人間ですからね、つながりではないんです。横ですね。用字《てじ》の神呪の続きです。あそこへ持って行っていただいて、少し組立を訂正《ていせい》して下さい。

統字《すじ》の神呪と体字《みいじ》の神呪――この二つは不完全です。もっともこれは観法を与えられた後でないと、分かりかねましょうね。一番違《ちが》っているのは「光かかふるすめろぎ」です。天皇の肉体を見てはいけません。「光かかふるすめろぎ」は高御座《たかみくら》です。高御座は日本だけに限《かぎ》りませんよ。その意味で、体字の神呪を裏から考えて下さい。「星影《ほしかげ》の早《は》や見《み》えずなりけり」という「星影」ですね。これは高次元《こうじげん》の天照大御神様です。そこが抜《ぬ》けましたね。

なお、大字《おじ》の神呪のところが、あまりに仏教的《ぶつきょうてき》です。「大いなる我悟りなば……」の「大いなる」は、時間的または空間的に大《だい》であるという意味だけではありません。大国主命の御心《みこころ》のままに「我」がつながった時に、神界、神仙界、仏仙界と開《ひら》いた関係《かんけい》ができますね。その関係が大きいと言う意味の「大いなる」ですからね。それ故《ゆえ》、それを悟るということが、仏教的では不完全なのです。

「真実の自己」と解釈《かいしゃく》してありますが、もっと具体的《ぐたいてき》、もっと個性的《こせいてき》のものができなければ「角立《かくたつ》」へ結《むす》びつきません。

次は用字《てじ》の神呪ですね。たいしたことではありませんが、「迷無《まよいな》し！」と断ち切る……積極的《せっきょくてき》な面が弱《よわ》いですね。ですからその場合の小字《ほじ》の神呪で「母恋う雉子《きずす》の鳴く声愛《ねかな》しも」の「かなしも」の最後の句ですが、この句の解釈は「裏から見た積極」なんですから、それを裏付けて完成して下さい。

私の感じたことはそれだけです。これを早くまとめて、清書《せいしょ》したものを一月三日約束《やくそく》の場所へ持って来て下さい。摩耶山《まやさん》へ登ればすぐ分かります。

今度は扶乩《ふうち》的現象であなた方のものにさらに完成を与えます。

今日は住江大神様から、御神示がいただけるはずです。この後で、もう一度お呼びになっても結構《けっこう》です。

十四、幽字《かじ》観法《かんぽう》

神　示　（十二月二十一日　五社神社にて）

我は住江大神なり。

今夕我汝らに第九の神呪、幽字《かじ》の神呪による観法《かんぽう》を伝えんとす。幽字の神呪は天照大御神の神呪なること、汝ら既に知れり。

汝ら幽字の神呪、如何《いか》に証《あか》すべしや？

手印《しゅいん》は外印《がいいん》なるぞ。

最初に、幽字の神呪朗唱。次に十言の神呪を唱うべし。次に大宇宙に照り徹《とお》らす天照大御神の御稜威《みいつ》を心《こころ》に描くべし。

次に黙念《もくねん》することは、

「六洽照徹《りくごうしょうてつ》、六洽照徹、……」

と唱うべし。

次に黙念――

「今、天照大御神の御稜威わが全身《ぜんしん》にかかぶりたりわが全身《ぜんしん》は大御神の御稜威なり」

かく小声《こごえ》にて唱うること十たびに及《およ》ぶべし。

しかる後、汝ら静かに両手を高くたかく差上げ、最上段に至る時静かに印《いん》をほどきて、両《りょう》の手《て》をはずし、横に開き、おのおのの指ことごとく開きて、大いなる輪《わ》を描きたる後、静かに汝らの胸《むね》に置きて、再び手印を結ぶべし。この時、汝ら次の如く念ずべし。

「我が愛《あい》は宇宙《うちゅう》に拡《ひろ》がりて、一切《いっさい》に力《ちから》を与《あた》うべし」

再び静かに手印のまま両手を高く挙《あ》げ、挙げ切りたる所にて、静かに手印をはずして、前の如く再びおのおのの指を開き、大いなる輪《わ》を描き、再び汝らの胸元《むなもと》にて元の如く手印を結ぶべし。この時、汝ら次の如く念ずべし、

「我が智恵《ちえ》は宇宙に拡《ひろ》がりて、宇宙一切《うちゅういっさい》のものに大調和《だいちょうわ》を与《あた》うべし」

汝ら三《み》たび手印のまま高く差上げ、前の如く手を開きて大いなる輪を描くべし。しかして次の如《ごと》く念《ねん》ずべし。

「我が実相《じつそう》は宇宙《うちゅう》に拡《ひろ》がりて、一切《いっさい》のものに至美《しび》を与《あた》えたり」

と。この時汝ら再び手印のまま顔《かお》の中央《ちゅうおう》にとどめ、

「今我が願いは、我が神に嘉《よみ》せられたり
我が願いはことごとく成就《じょうじゅ》せるなり」

かくの如く繰返し唱うべし。

しかして汝らの願いを描くべし。再び前の如く、

「我が願いは神に嘉《よみ》せられたり。我が願いは既に成就《じょうじゅ》したり」

と念じ、この時再び手印を開きて静かに上方より前方に拡げ、汝らの前方に大いなる輪をえがくべし。

次いで合掌《がっしょう》のすがたにて、汝ら顔面中央《がんめんちゅうおう》に合わせて、

「我、我が神たる天照大御神を礼拝《らいはい》し奉《たてまつ》る」

と唱え、再び汝ら手印をほどきて、前方に大いなる輪《わ》を描くべし。しかして、

「我、我がすめろぎを礼拝し奉る」

と唱うべし。唱え終わらば、再び合掌のすがたにて、

「我は愛《あい》なり。我は智恵《ちえ》なり。我は実相《じつそう》なり」

と唱うべし。しかして、

「我は宇宙一切の声《こえ》を聞《きく》くなり
宇宙一切の願《ねが》いを聞《きく》くなり
今我が願いは、宇宙一切の願いなり
今我が声は宇宙一切の声なり」

と唱《とな》うること、十《と》たびに及《およ》ぶべし。

その時、汝ら静かに合掌を外印に組み換え、十言の神呪を唱すべし。唱し終わらば、

「六洽照徹《りくごうしょうてつ》、六洽照徹、……
我が全身、光明遍照《こうみょうへんじょう》、光明遍照、……
六洽照徹《りくごうしょうてつ》、六洽照徹、……
我が全身、光明遍照《こうみょうへんじょう》、光明遍照、……」

と、黙念すべし。

しかる後、静かなる声にて、体字《みいじ》神呪を唱うべし。
この時、汝らの合掌《がっしょう》は……、合掌の高さは……。
これ、天御中主大神《あめのみなかぬしおおかみ》の手印なりと知るべし。

なお我、汝らに告げん。

汝ら明年一月二日の朝、清水観音《きよみずかんのん》に参《まい》り、その前にて静かに十言の神呪を唱え、我が御名を唱《とな》うべし。我かつて汝らに約束《やくそく》せし通《とお》り、汝らの前生《ぜんせい》の証拠《しょうこ》を与《あた》うべし。

翌一月三日、汝ら二人にて摩耶山山中《さんちゅう》なる弁天堂に参るべし。相違《あいたが》うことあるべからず。我この時、汝らに統《す》字観法並びに体字《みいじ》観法を与うべし。

なお十言の神呪は汝らの解《げ》せしところはなお浅《あさ》くして、「生きもの」を忘《わす》れおることを注意すべし。

我汝らに神示《しんじ》を与えしこと、一月三日にて十一回に及《およ》ぶなれば、それをもちて、汝らに与えし総《すべ》てのもの成就《じょうじゅ》すべし。

なお、タケシツカサ明神《みょうじん》を呼《よ》びて、汝らの願いをつぶさに聞《き》くべし。その日、汝らに示しおきたる汝ら同志に対し守護神《しゅごじん》の決定《けってい》せん。至心《ししん》に大字《おじ》観法を十回修する者は、必ず神界より守護神を遣《つか》わさるべし。その場合、定まりたる者は、大国主命をよびて、おのおの守護神を斎《いつ》き祭《まつ》らしむべし。一月十日までに必ず修《しゅう》すべし。

十五、六甲摩耶山《ろっこうまやさん》

いよいよ昭和二十九年。

新天新地《しんてんしんち》の開ける元旦《がんたん》がめぐって来ました。私は百八煩悩《ぼんのう》を絶滅《ぜつめつ》するという大晦日《おおみそか》の梵鐘《ぼんしょう》を聞き終わると、五社神社《ごしゃじんじゃ》に参拝《さんぱい》しました。

神域《しんいき》は清掃《せいそう》され、各処《かくところ》にかがり火が燃《も》え、参拝者は引きも切らず御神前《ごしんぜん》に礼拝拍手して敬虔《けいけん》に祈り、御神符《ごしんぷ》を頂《いただ》いて帰って行きます。私は神拝後、祝詞《のりと》を奏上《そうじょう》し、十言の神呪を奉唱《ほうしょう》し終《お》わると、ベンチに腰《こし》掛けて、同志《どうし》の集まって来るのを待ちました。

夜が明けると、日本晴れの東の空に、荘厳《しょうごん》な太陽が赤々《あかあか》と輝《かがや》きながら昇り始めました。太陽《たいよう》こそ天照大御神の御化身《ごけしん》であり、全大宇宙《ぜんだいうちゅう》の「みすまるの珠」であるという実感が、私の脳《のう》裡《り》に閃《ひらめ》きました。私は数分間のエクスタシーから醒《さ》めると、同志を集めて、「輝きは照り徹らせり天津日の奇すしくもあるか優しくもあるか」の神呪を合唱し、天照大御神の幽字《かじ》観法を実修しました。

その夜私は急行列車《きゅうこうれっしゃ》に乗って西下《さいか》し、早朝《そうちょう》京都駅に着き、数日前郷里《きょうり》の岡山に帰った門田先生が東上《とうじょう》するのを待ちました。落合《おちあ》ったのが五時ころでした。早速タクシーに乗って五条坂の清水寺《きよみずでら》に到着《とうちゃく》しましたが、払暁《ふつぎょう》であるにも拘《かかわ》らず善男善女の参詣《さんけい》の多いのに目を見張《みは》りました。風の沁《し》みる寒い朝でしたが、懸崖《けんがい》に臨《のぞ》んで架《か》せられた舞台《ぶたい》の欄干《らんかん》から前を眺《なが》めますと、濃《こ》い霧《きり》の漂《ただよ》う谷間《たにま》に常磐木《ときわぎ》の形《かたち》の変《か》わった梢《こずえ》が浮《う》かぶ勝景《しょうけい》は太古《たいこ》さながらで、高樹常立《たかぎとこた》つ神仙界《しんせんかい》へ誘《いざな》われた趣《おもむき》でした。

坂上田村麻呂《さかのうえのたむらまろ》の建立《こんりゅう》された御本尊十一面千手観世音菩薩《ごほんぞんじゅういちめんせんじゅかんぜおんぼさつ》の大前《おおまえ》に進まれた門田先生《かどたせんせい》に遅れじと、私も従《したが》いまして、正坐礼拝合掌《せいざらいはいがっしょう》して、十言の神呪を奉唱しましたが、禅定《ぜんじょう》に入って感じた世界は、荘厳極《きわま》りなき蓮華蔵世界《れんげぞうせかい》でした。正気《しょうき》に戻《もど》ったころ、門田先生が、

「今、凄《すご》いものが見えた」と囁《ささや》くのです。

「そうですか?」と言って私は立ち上がり、音羽《おとわ》の滝《たき》へ降《お》りる石段《いしだん》のあたりで、その様子《ようす》を訊《たず》ねて見ますと、

「あれは確かに水素爆弾《すいそばくだん》の投下《とうか》された情況《じょうきょう》なんだ。原子戦《げんしせん》が勃発《ぼっぱつ》するかもしれない」と言いました。(後になって判明《はんめい》したことですが、それは数ケ月後アメリカがビキニ島《とう》で第一回の水爆実験《すいばくじっけん》をした惨状《さんじょう》であって、第五福竜丸《ふくりゅうまる》がその犠牲《ぎせい》となったことは、万人周知《ばんにんしゅうち》の通《とお》りであります)

音羽の滝では白衣の婦人《ふじん》が一心に般若心経《はんにゃしんぎょう》を唱えながら、滝に打たれている敬虔《けいけん》な姿を見て、思わず眼頭《めがしら》が熱《あつ》くなりました。そこから真直《まっすぐ》に歩いて行きますと、道が次第《しだい》に狭《せま》くなり、登り坂となってきましたので、登りつめますと、暁闇《ぎょうあん》の中に古い三重《さんじゅう》の塔《とう》が聳立《しょうりつ》しているのを見て驚きました。霧《きり》のために帰路《きろ》を間違《まちが》えたらしいのですが、迷《まよ》わせて下さった神《かみ》様に私は感謝せずにおられませんでした。私達の前生《ぜんせい》のミタマが観音様《かんのんさま》とともに祭《まつ》られている塔《とう》ではないかと感じたからです。住江大神様が仰せられた清水観音《きよみずかんのん》の発祥地《はっしょうち》はここであって、狭《せま》いために現在の処《ところ》へ移転《いてん》したのではないかという意見を述《の》べますと、門田先生もうなずいて合掌《がっしょう》し、ともに感慨《かんがい》にふけるとともに、神様の御経綸《ごけいりん》を沈思《ちんし》せざるを得ませんでした。

子安の塔。京都清水寺に建つ。佐原通之氏撮影

六甲山《ろっこうさん》の麓《ふもと》へ着いたのは午後三時ころでしたが、ケーブルカーに乗って頂上《ちょうじょう》へ着いてから、目指《めざ》す弁天堂《べんてんどう》を何処《どこ》で聞いても心あたりがないと言うのです。

「弁天堂というのは江藤先生が昇天《しょうてん》される直前参籠《ちょくぜんさんろう》して精進統一されたお堂らしい」と門田先生は言い、「その真相《しんそう》を知っているのは、御尊父《ごそんぷ》の江藤嘉吉先生か、親友の山本佐五兵衛君か……とにかく大阪まで引返《ひっかえ》してみなくては調べる方法がない」と言うのです。空を見上げると、雲行《くもゆ》きが怪《あや》しくなり陽《ひ》も沈《しず》みそうなので、旅館《りょかん》を見付《みつ》けて一泊《いっぱく》することにしました。

その夜入浴して三字観法を実修しますと、門田先生が突然《とつぜん》、「今、萠黄色《もえぎいろ》の衣冠束帯《いかんそくたい》を召《め》された白皙美貌《はくせきびぼう》の明神《みょうじん》さんを拝《おが》んだ」と言うのです。「非常に優雅《ゆうが》な方……」とも言うのです。私はハッと思いあたることがありました。それは私の刎頸無二《ふんけいむに》の道友《どうゆう》、左右田武夫《そうだたけお》さんに違いないと直感《ちょっかん》しました。いよいよ第三の明神がおつきになる時期が到来《とうらい》したと思いまして、門田先生に左右田さんとの関係を詳しく物語《ものがた》りました。

昭和十五年の秋「生長の家」は急速に発展し、本部組織《ほんぶそしき》が改《あらた》められたため、我々地方講師は尽《ことごと》く東京赤坂の本部道場に参集《さんしゅう》して、五日間の講習を終えた後、受験して資格を獲得《かくとく》しなければならないことになりました。私は私財《しざい》を投じ、二階《にかいだ》建ての広い教化部《きょうかぶ》を設立し、全国に先駆けて毎月本部講師を招聘《しょうへい》し、普及活動《ふきゅうかつどう》に専念《せんねん》した実績《じっせき》が認められたためか、無試験で本部講師に抜擢《ばってき》されました。そのため直ちに全国各地の巡講《じゅんこう》を命《めい》ぜられ、翌年二月は創設された横浜教化部に初代講師として派遣《はけん》されました。着任後間もなく、磯子区《いそごく》森町の貿易倉庫会社社長《ぼうえきそうこがいしゃしゃちょう》左右田棟一氏の依頼《いらい》によって個人指導に赴《おもむ》くことになりました。デラックスな応接間《おうせつま》で事情を聞きますと、御長男《ごちょうなん》の武夫《たけお》さんは帝大《ていだい》卒業後厚生省《こうせいしょう》に勤務中、急に心臓病《しんぞうびょう》で倒れ、療養《りょうよう》半年後、肺結核《はいけっかく》を併発《へいはつ》して喀血《かっけつ》し、医学博士三人に依頼し、当時御静養中の秩父宮殿下《ちちぶのみやでんか》に差上《さしあ》げる良薬を飲ませてもよくならず、一年後の今は瀕死《ひんし》の重態《じゅうたい》に陥《おちい》っているとおっしゃるのです。たまたま知り合いの青年が「生長の家」に入信し肺結核《はいけっかく》が奇蹟的《きせきてき》に快癒《かいゆ》した事実を知り、早速《さっそく》『生命の実相』を取りよせて嫁《よめ》に読ませて聞かせたところ、少しも快方《かいほう》に向かわないので、直接指導をお願いし、武夫によく分かるように話して欲しいとおっしゃるのです。

案内されたのは二階の明るい病室《びょうしつ》でした。窓越《まどご》しに渺茫《びょうぼう》たる白銀色《しろがねいろ》の海がひろがり、その彼方に房総《ぼうそう》の青い山脈《さんみゃく》の望見《ぼうけん》される景勝《けいしょう》の地《ち》です。武夫さんは仰向《あおむ》いて天井《てんじょう》を見つめたまま絶対安静《ぜったいあんせい》の状態で、ちょっとでも身動きすると、心悸亢進《しんきこうしん》で心臓《しんぞう》がとまるので、医者を呼ぶやら、看護婦《かんごふ》を呼ぶやら、大変なことになるのだそうです。まる一年間身動きできなかったため、武夫さんの左の頬《ほほ》は海際《うみぎわ》の強い紫外線《しがいせん》を受けて、浅黒《あさぐろ》く日焼《ひや》けし、右の頬《ほほ》は結核患者独特《けっかくかんじゃどくとく》の蒼白色《そうはくしょく》で、まるで染《そ》め分けたようになっていました。

「いかがですか?」とお尋《たず》ねしますと、

「「生命の実相」は一通り読みましたが、谷口先生の論理《ろんり》には矛盾《むじゅん》があって理解できないのです」

とおっしゃるのです。

「例えばどんな所ですか？」

「はじめの方には、薬は単なる物質に過ぎないから、一切《いっさい》捨《す》ててしまって背水《はいすい》の陣《じん》を布《し》き、内部に宿る神の自然治癒力《ちゆりょく》に全托《ぜんたく》しなければいけない、と書いてありますが、二冊目《にさつめ》の本には、母親がしきりにお飲《の》みなさいというお薬は素直に感謝して飲まなければいけない。その薬は単なる物質ではなくて、母親の観音様《かんのんさま》のようなお慈悲《じひ》が籠《こも》っているからである、と書かれています。これでは薬は飲んだ方がいいのか、飲まない方がいいのか分からなくなってしまいます」。明敏《めいびん》な武夫さんはさらに論理の矛盾《むじゅん》を縷々《るる》述べられますので、私は、

「本当におっしゃる通りです。けれどもそれは対機説法《たいきせっぽう》でして、相手次第で説法《せっぽう》の言葉は違ってくるのが当然と思います。例えばあなたがニューヨークで道に迷って人に尋《たず》ねました。「ステーションはどちらですか？」と聞きますと、「東《ひがし》です」と言われ、大分歩《だいぶある》いてから別の人に聞きますと、「西《にし》です」と言われました。さあ、あなたは駅が東やら西やらサッパリ分からなくなってしまいます。浴《あ》びるように薬を飲んで治らぬ人には薬を捨《す》てさせて、神の力に全托《ぜんたく》させ、邪神《じゃしん》に迷って薬を拒否《きょひ》する人には薬を飲ませるところに救いが成就するものなのです。

私は小学校へ入るまでは病弱《びょうじゃく》で毎年冬《まいとしふゆ》になると風邪《かぜ》をひき、熱は四十度を越し、食物も薬も吐《は》いて下痢《げり》をして骨《ほね》と皮《かわ》になりました。母はせっかく氏神様に祈願して生れた私が死んではと思って徹夜《てつや》の看護《かんご》をして下さいましたが、私は最後はひきつけて痙攣《けいれん》し失心《しっしん》してしまいました。私を救って下さったのは母の愛情《あいじょう》ですから感謝していますが、本当は神様の神秘力《しんぴりょく》なのです。中学生の時は

扁桃腺周囲炎《へんとうせんしゅういえん》にかかって咽喉《いんこう》が化膿《かのう》し、石橋博士はメスが狂《くる》って頸動脈《けいどうみゃく》に触《ふ》れたら死んでしまうからと言って匙《さじ》を投《な》げました。葡萄糖《ぶどうとう》の注射《ちゅうしゃ》で辛《かろ》うじて生きていましたが、最後は自然に皮が破《やぶ》れて膿《うみ》が出たので助《たす》かりました。この場合は内部に宿《やど》る神様の自然治癒力《しぜんちゆりょく》と思います。二十九歳の時は盲腸《もうちょう》の手術に失敗して断末魔《だんまつま》まで追いつめられました。今でも凄《すご》い傷《きず》が残っています。あなたのように絶対安静《ぜったいあんせい》で小便《しょうべん》することができませんでした。看護婦《かんごふ》が金属性《きんぞくせい》のカテーテルを膀胱《ぼうこう》まで突込《つっこ》んで小水《しょうすい》をとるのですが、そのあと尿道《にょうどう》が傷《きず》だらけになってヒリヒリ痛むし、五日経っても腹部《ふくぶ》の激痛《げきつう》が消えないので産婦人科《さんふじんか》の医者をしていた従兄《いとこ》に頼みました。

「こっそりナルコポンかパントポンの注射《ちゅうしゃ》を打ってくれませんか」

「そんなことしたら心臓《しんぞう》がとまって死んでしまう。蛔虫《かいちゅう》が胃の中であばれていることもあるんだからとにかく院長《いんちょう》と相談《そうだん》してみよう」

そこで強い虫くだしを飲みますと、大きな雄《おす》と雌《めす》の蛔虫《かいちゅう》が出て痛みが止まりました。この時死《し》線《せん》を越えたのは神様のお蔭《かげ》と私は信じております。

「ここに革表紙《かわびょうし》の「生命の実相」が沢山《たくさん》ありますが一番肝腎《かんじん》な神想観《しんそうかん》の書《か》いてある「水の巻」があります。それを御覧《ごらん》になればお悟《さと》りになると思いますから、早速取寄《さっそくとりよ》せてお読み下さい。読み終わられたころもう一度参《まい》ります」

そう言って私は辞去《じきょ》しましたが、その真夜中《まよなか》私は正坐合掌して神想観《しんそうかん》し、「左右田家にまつわる死霊生霊《しりょういきりょう》の業因縁《ごういんねん》を何卒解消《なにとぞかいしょう》して下さいませ」と真剣《しんけん》に祈りました。何故なら私は自分の生家とまったく同様な暗い霊的雰囲気《ふんいき》を感じたからです。武夫さんの御尊父は二宮尊徳翁《にのみやそんとくおう》の熱烈《ねつれつ》な信仰者《しんこうしゃ》で、邸内《ていない》に立派な社《やしろ》を奉斎《ほうさい》しておりますのに、どうしてそういう暗いカルマの渦巻《うずまき》を霊感《れいかん》したのか解《げ》しかねました。しかし、翌朝幹部の信者さん達がヒソヒソ話をしている声を聞いて、真相《しんそう》を悟《さと》ることができました。何でも左右田社長は以前有名な左右田銀行の頭取《とうどり》をしておられたが、大正十二年の関東大震災《かんとうだいしんさい》のため、貸付金《かしつけきん》の回収《かいしゅう》ができなくなり、取り付け騒《さわ》ぎが起こったらしいのです。当時は恐慌的《きょうこうてき》な不況《ふきょう》時代で全国著名の大銀行が将棋倒《しょうぎだお》しに壊滅《かいめつ》した事実を私はよく知っておりますので、虎の子の預金《よきん》の引出《ひきだ》せなくなった人達《ひとたち》は銀行を恨《うら》んだであろうし、中には絶望《ぜつぼう》して一家心中を遂げた家族も沢山あったわけですから、それらのミタマ達は今もって成仏《じょうぶつ》できず、幽界で呻吟《しんぎん》しているに違いないと考えました。

それから十日目の二月十三日、左右田社長から突然《とつぜん》電話がかかって来ました。

「武夫の頭が変になったから、直《す》ぐお出《い》で下さい」と言うのです。

「私は用件《ようけん》があって熱海《あたみ》から帰って来たところですが、武夫が変なことを口走《くちばし》るので、何とかして下さい」とおっしゃるので、病室へ入りますと、武夫さんはかすかに微笑《ほほえ》んで私を迎えました。そのまなざしには狂人独特の虚《うつ》ろな暗さが微尽《びじん》もないので、私は安心しました。御尊父《ごそんぷ》の御心配は的《まと》はずれではないかと直感《ちょっかん》しました。

「先生、有難うございます」と言われる言葉にも何の異常《いじょう》もありません。側近く寄りますと、「先生は本当に不思議な方ですねえ」と、感慨深げに言われました。

「さあ……何処《どこ》が不思議でしょうね。私はつとめて常識的に振舞《ふるま》っていますが、多少超常識《ちょうじょうしき》な面があるかも分かりません」

「私は本部講師といえば威厳《いげん》のある先生で、滔々《とうとう》と所信《しょしん》を語《かた》り、目の前で奇蹟《きせき》を見せる方ではないかと想像していました。ところが先生はニコニコ笑いながら春風のように入って来られ、私の疑問に対して当意即妙《とういそくみょう》、快刀乱麻《かいとうらんま》を断《た》つようにお答えになりました。そしてまたスーッと春風のように消えてしまいました。そのあと、私はガッカリしてしまいましたが、目をつぶって静かに考えているうちに、先生と私とは天地《てんち》の相違《そうい》のあることに気づきました。「生命の実相」を読んで山ほどの疑問に悩んでいた私が、先生の暖《あたた》かいお言葉で立ちどころに悩みの消えたのも不思議でした。私は長い間の絶対安静《ぜったいあんせい》で、肉体《にくたい》はジーッとしていますが、心は安静《あんせい》どころか、千々《ちぢ》に乱《みだ》れ、まるで千手観音《せんじゅかんのん》のようにあれを掴《つか》みこれを掴んで、四苦八苦《しくはっく》しているのです。ところが先生は東奔西走《とうほんせいそう》、席《せき》の暖《あたた》まる暇《ひま》もないほど動き廻《まわ》っておられても、心は常に安静そのものであって、何事にもとらわれず、サラリとして春風のように流れていらっしゃる。私もああいう心境《しんきょう》にならなければいけないと悟りました。

その後神想観の極意《ごくい》を妻に読んでもらいましたが、人間は五官《ごかん》の智恵《ちえ》にとらわれてはいけないということがしみじみ分かりました。ところが今朝《けさ》、妻も看護婦《かんごふ》も誰も居ない時に、突然心悸亢進《しんきこうしん》の発作《ほっさ》で、心臓《しんぞう》がとまりました。私の魂《たましい》は完全に肉体から離れ、天井《てんじょう》から冷たくなった自分の死《し》骸《がい》を見おろしました。「自分もとうとう三十八歳を一期《いちご》として死んでしまったのか」私は冷静《れいせい》にそう考えました。併《しか》し次の瞬間《しゅんかん》、「死ぬのはいやだ。まだ早過《はやす》ぎる」と考えました。と同時に私の身体は真っ暗な鉱山《こうざん》の縦穴《たてあな》の中へ真逆様《まつさかさま》に転落《てんらく》して行きました。思わず「神様！」と絶叫《ぜっきょう》しますと、忽然《こつぜん》として暗黒は消え、私はいつものようにここに寝ていました。

そして不図《ふと》窓際《まどぎわ》の松を見ると、その枝がまったく姿を変えているのです。私は今まで松の枝は単なる物質と考えていました。ところがその時見た松の枝は、物質ではないのです。神様が化身《けしん》されて松の枝になっていらっしゃる――そういう実感でした。私の吐《は》き出す息《いき》は結核菌《けっかくきん》のウジャウジャした炭酸《たんさん》ガスなのに、松の木の神様は神通力《じんつうりき》でもって、炭酸ガスを酸素《さんそ》に変えて私を生かして下さる――ああ有難い、勿体《もったい》ないという実感でした。私は合掌《がっしょう》して、松の木の神様を拝みました。次に上の天井を観《み》ました。天井も神様なのです。私は今まで天井は生命《いのち》の無い板《いた》っぺらに過ぎないと考えていました。ところが今、天井の神様はきたない埃《ほこり》が落ちないように、私を守護《しゅご》していらっしゃるのです。それから周囲を見渡《みわた》しますと、電燈《でんとう》も蒲団《ふとん》も畳《たたみ》も壁《かべ》も……何もかも神様なのです。ここは神様の充《み》ち満《み》ちた神の国であることが分かりました」

私は、武夫《たけお》さんが完全に五官《ごかん》の世界を去って実相世界《じっそうせかい》に起入《きにゅう》した尊《とうと》い体験を聞いて、讃嘆《さんたん》せずにおられませんでした。

「私は今まで随分《ずいぶん》多くの人に道を説きましたが、あなたほど大悟《たいご》された方は初めてです。あなたは、「世《よ》の光《ひかり》」「地《ち》の塩《しお》」となられる方です。「完成《ななつ》の燈台《とうだい》の点燈者の一人です」

武夫さんは感激に目をうるませておりました。

私は十歳の時日蓮《にちれん》の伝記を読んで、宗教家たらんと決意し、官立名古屋《かんりつなごや》高工機械科《きかいか》一年生の時武者小路実篤《むしやのこうじさねあつ》氏の「耶蘇《やそ》」を読んでキリストたらんと発願《ほつがん》し、爾後《じご》聖書仏典神道心霊科学の研究に没頭《ぼつとう》しました。しかし三十歳に達しても悟れず、「自分はその器《うつわ》でない」と諦《あきら》めましたが、三十四歳の四月二十二日知人から「生命の実相」第二巻を借り、静寂《せいじやく》な茶室《ちやしつ》の中でふと開きますと、「肉体は存在しない。それは心の影である」と書いてありました。その文字をジーッと見ついているうちに、

「心は実在しない。それは神の影である」という悟りが聞けました。私は正坐瞑目合掌《せいざめいもくがつしよう》しましたが、神様の御指導で完全に鎮魂帰神《ちんこんきしん》し、天空高く引上げられ、神々の相集《あいつど》う神界へ起入しました。数時間後意識を取戻した時、膝《ひざ》も座布団《ざぶとん》も涙《なみだ》でビッツショリ濡《ぬ》れていました。お釈迦様《しやかさま》が菩提樹《ぼだいじゆ》の下で、暁《あかつき》の明星《みようじよう》を眺《なが》めながら悟《さと》られた心境《しんきよう》を私はハッキリ悟得《ごとく》することができました。その瞬間《しゆんかん》以来私は目をつぶっていても、目を聞いていても、肉眼《にくがん》・心眼《しんがん》に映《うつ》るすべてのものが神であり、仏でありまして拝《おが》まずにおられませんでした。私は武夫さんにその時の心境を詳しく話しましたが、やがて武夫さんは、

「先生！ちょっと起きてみたくなったのですが、いいでしょうか？」と聞くのです。

「さあ……あなたが自発的《じはつてき》にそういうお気持ちになられたのなら、差《さ》し支《つか》えないでしょう」と答えますと、武夫さんは上体《じようたい》を起こして、心臓《しんぞう》のあたりに手をあてました。心臓に何の異常も感じながったと見えまして、武夫さんは静かに立ち上り、部屋を二、三歩あるきました。その瞬間タイミ

ングよく入って来られた御両親は、仰天《ぎょうてん》して見つめていらっしゃいました。

武夫さんの病気は爾後順調《じゅんちょう》に軽快《けいかい》し、再び厚生省《こうせいしょう》へ勤務《きんむ》することになりましたので、私は将来武夫さんと協力して新しい宗教の道を開く誓願《せいがん》を立てました。ところが昭和二十二年十月、軽い風邪《かぜ》が原因で武夫さんが昇天された噂《うわさ》を聞き、右腕《みぎうで》をもぎ取られるほどのショックを感じました。

けれども今、萌黄色《もえぎいろ》の衣冠束帯《いかんそくたい》をつけた明神《みょうじん》として出現《しゅつげん》したことは、今後両明神に代わって、神界の様相《ようそう》を懇切丁寧《こんせつていねい》に指導して頂《いただ》ける実証《じっしょう》であるという確信が得られたために、私はその夜グッスリ安眠《あんみん》することができました。

翌《よく》三日は底冷《そこび》えのする寒い朝でした。食事して旅館《りょかん》を出ると、チラチラ雪が降り出しました。レインコートを着て一時間ばかり歩きましたが、山にさしかかると猛烈《もうれつ》な吹雪《ふぶき》に襲《おそ》われ、谷から吹きあげる突風に、下半身《かはんしん》がグッショリ濡《ぬ》れました。やがて分かれ路《みち》にさしかかりました。右の広い道は有馬温泉《ありまおんせん》へ行く街道《かいどう》らしく、左の谷へ降《くだ》る狭《せま》い道はどこへ通ずるのが分かりませんが、私は暫《しばら》くそこに立ちどまり、右に行く門田先生を呼び戻しました。私は「この辺で誰かに聞いてみたいんですが……」と言って、五メートルばかり急坂を降りますと、樹の繁《しげ》みの中に小さな御社《おやしろ》の屋根が見えます。さらに進むと、意外に大きな旅館の前に出ました。私だけが中へ入って、

「つかぬことをお尋《たず》ねしますが、大阪の貴金属商尚美堂《ききんぞくしょうしょうびどう》の江藤《えとう》先生を御存じではありませんか？」

と訊《き》きますと、囲炉裏《いろり》にあたっていた御老人が、

吉高神社。六甲山に鎮座。本殿は取り壊され、石の祠のみ建つ　編者撮影

「ああ、よう知っとります。立派《りっぱ》な先生でしたが、惜《お》しいことしましたなあ……」

私は急いで外に立っている門田先生を手招《てまね》きし、囲炉裏《いろり》に入って談笑《だんしょう》しているうちに冷え切った身体もホカホカぬくもって来ました。

江藤先生は生前この旅館に長らく逗留《とうりゅう》し、時折お宮に詣《もう》でて参籠《さんろう》されたことが判明《はんめい》しました。ところが意外なことに、お宮の名は「吉高神社《よしたかじんじゃ》」、御祭神《ごさいじん》は吉高大神。土地でも弁天堂《べんてんどう》という人は一人もないのだそうです。とにかく相場《そうば》のよくあたる神様という評判で、元旦も二日も神戸や大阪からの参詣人《さんけいにん》で賑《にぎ》わいましたが、今朝の吹雪《ふぶき》で泊り客もみんな帰られたそうです。この旅館の名は一軒茶屋《いっけんぢゃや》（神戸市兵庫区有馬町六甲山）、御老人の名は藤井九一さん。昨年の秋には御両親の江藤嘉吉《えとうよしきち》御夫妻《ごふさい》も久々《ひさびさ》に来訪《らいほう》されたとのことでした。

吉高神社は、谷間の聖地《せいち》に建立《こんりゅう》された清明《せいめい》なお宮でした。中に入りますと、御宝前《ごほうぜん》には滾々《こんこん》と湧《わ》き出る泉をたたえた池があり、お籠《こも》りするにふさわしい真新しい畳《たたみ》が敷《し》きつめてあり、御神気《ごしんき》は極めて凛烈《りんれつ》、身のひきしまる思いでした。我々の重大な神事を妨害《ぼうがい》しないために、守護の龍神様が吹雪を降らして、参拝者の足どめをされたとしか思われませんでした。

私達は例によって正坐合掌、祝詞奏上後、三字観法《みじかんぽう》の実修に入りましたが、トランスに入りかけた門田先生が、突如、

「大蛇《だいじゃ》が見えるみえる。薄気味《うすきみ》が悪いから帰ろう」と言うのです。

「そんなこと言って、今さら……」と答えながら、私も耳をすますと、

「ザザ……ザザザザ……」

と大蛇が畳の上を這《は》い廻《まわ》る音が、実にハッキリ聞えるのです。最初のうちは遠くでしたが、次第に近寄って来て、我々の周囲をグルグル這い廻るのです。

「こわい！　帰ろう！」と、門田先生はせき立てます。霊視能力《れいしのうりょく》の鈍《にぶ》い私の方は、何ら恐怖を感じませんので、

「何も呑み込まれて死ぬわけじゃないし……弁財天《べんざいてん》の眷属《けんぞく》が護衛《ごえい》して下さるんですよ。感謝しなければいけません」

門田先生もやっと安堵《あんど》して正坐し、改めて三字観法を修し、「十言《とこと》の神呪《かじり》」の朗唱に移りましたところがまたもや、

「今日はどうも様子《ようす》が違う。霊言現象《れいげんげんしょう》ではなくて、眼の前を電光《でんこう》ニュースのようなフィルムが、左から右へ、ヒッキリ無しに流れて行くんだ。光の文字は眼の前まで来るとハッキリ見えるが、ちょっと右へ行くと直ぐ消えてしまう。それが片仮名《かたかな》でも平仮名《ひらがな》でもなくて、伊呂波仁保辺止《いろはにほへと》……という漢字だから読みにくいんだ。始末《しまつ》が悪い」と言うのです。

そのため神示《しんじ》を速記《そっき》するのが非常に手間取《てまど》りました。しかし一時間くらいでやっと書き終えることができました。吹雪になり参詣者なく、何人《なんぴと》にも遮《さえぎ》られませんでした。

神　示（昭和二十九年一月三日午後一時半　摩耶山　吉高神社）

我は住江大神なり。

汝ら本日、参《まい》りしこと殊勝《しゅしょう》なり。かねて約束せし通り、統字観法《すじかんぽう》を伝えんとす。

これ、最高《さいこう》の観法《かんぽう》にして、汝らにのみ伝うるものなれば、絶対にこれを他人に伝うべからず。

これ、天御中主大神《あめのみなかぬしのおほかみ》の表《おもて》観法にして、神のさきはえを成就する秘法《ひほう》なり。

汝《なんじ》らと雖《いえど》も、これをみだりに施《ほどこ》すべからず。

汝ら衆生《しゅじょう》を救わんとして、心定めたる時、悩める者を汝らの前に坐せしめて、この観法を行うべし。その者の心、清浄ならざるべからず。

その者をして合掌瞑目《めいもく》跪坐《きざ》せしむべし。

まづ、統字の神呪を朗唱すべし。

次に、十言神呪。

次に深く大いなる呼吸を十回。その吐く息は口より細く長くいだして統字を唱うべし。吸う息は鼻より入るべし。

次に、汝ら心に……、統《ス》の呼音を、……。

この時、悩める者の悩みを描き「この悩み、まことに消えたり」と宣《の》るべし。また、願いあるもの、願いを描きて、「この願ひまことに成りたり」と宣るべし。

……。

次に、光りかかぶるスメロギの御代開けたる相《すがた》を心に強く描き、心の内の声にて、「天皇陛下万歳！」と強く叫ぶべし。

……。

次に、十言神呪、次に体字の神呪を朗唱して終わるべし。


私どもはいったん一軒茶屋に戻って、休憩《きゅうけい》することにしました。門田先生の霊的《れいてき》エネルギーであるエクトプラズムの消耗《しょうもう》が甚《はなは》だしかったからです。

午後の三時ころ、私達は再《ふたた》び吉高神社《よしたかじんじゃ》に参拝《さんぱい》して、最後の体字観法《みいじかんぽう》に関する御神示《ごしんじ》を賜《たまわ》りました。

なおこの日は吉高大神の御神前に「十言の神呪」の組立を提出《ていしゅつ》致しましたので、体字観法の御《ご》伝授《でんじゅ》の終わった後、更に御神示を賜りました。

神　示（一月三日　午後二時半　摩耶山　吉高神社）

我は住江大神なり。

引き続き汝らに体字観法を伝えん。

これ天御中主神の裏観法なり。

汝ら九つの観法を成就したる時、おのずからこの観法は成就するなり。即ち常住坐臥の観法なり。眼《まなこ》開きたる時は合掌、眼閉じたる時は叉手《さしゅ》なり。これこの観法の手印なり。

ただ口中にて、平明に天照大御神の御名を唱うべし。普通の語調にて天照大御神の御名を黙唱すべし。

この時汝ら心の中に次の如く念ずべし。

　神ここに生き給うなり
　神ここに成し給うなり
　……

……

……


しかして静かに黙唱の神呪を唱うべし。

これ体字観法なり。即ち、極意の観法なり。

汝ら心して体字観法を常住唱え体字観法の休みなき生活をなすべし。九つの観法を常に修行することによって、この観法は無限に深まるべきなり。


なお汝らの組立たる「十言の神呪」を、我ことごとく嘉《よみ》す。

汝らなお深く行法によりて真理を究《きわ》め、明神《あけつみかみ》につきてよく尋《たず》ぬべし。

これらが天下に公表《こうひょう》すべき時は、げに迫《せま》りたり。汝らひと時のたゆみなく、務《つと》め励《はげ》みなして、わが誓《ちか》いに応《こた》えよ。

来る十五日午前零時《れいじ》、五社神社《ごしゃじんじゃ》にて再び汝らに示さんとす。

三字観法五回、大祓祝詞二十巻を行じて、我を待つべし。

神　示（昭和二十九年一月十五日夜　五社神社）

我は住江大神なり。

汝ら精進《しようじん》かないて、ことごとく我が教えを会得《えとく》したり。ただしこの十言の神呪は深甚微妙《しんじんびみよう》の法《ほう》にして、汝らの組立てたる他《ほか》になお二種類《にしゆるい》の組立あり。汝らの組立をもって奥義《おうぎ》となすべからず。よくよく研鑽《けんさん》して、この宇宙の妙用《みようよう》、真理の当体《とうたい》を探《さぐ》るべし。十言の神呪にして、宇宙一切のことを解明《かいめい》し得ること、我汝らに教えたるところなるぞ。汝らなお精進し、重《かさ》ねてよくよく研讃すべし。

今夕我汝らに伝えんとするは、汝らに報《しら》せおきたる大事変《だいじへん》、あと四十日足らずとなりたれば、汝ら我が命ぜし如く、汝らの心《こころ》を心とし、汝らの望《のぞ》みを望みとする百人の同志を作りて、この宇宙の変革《へんかく》を前にして、その前兆《ぜんちよう》として汝らに与えられし好ましき機会《きかい》を、夢逸《ゆめいつ》すべからず。汝らの今の働き、能率《のうりつ》を解《げ》せず。誠にチリヂリバラバラなり。速かにこれを組織《そしき》し、効率《こうりつ》を増し、働きに誠を致すべし。

ここ二十日間は汝ら最も大事なる時なるぞ。汝ら同志をよくよく教育し、第一次、第二次、第三次に至る間に百人の講習を終るべし。汝らの苦しき時はこの二十日間にして汝ら精進により、必ず光輝く世になるべし。この二十日間の精進怠りなくば、汝らの偉大なる多数の協力者現わるるは、この二十日の後なり。夢疑ふべからず。汝ら命をつくして事に当るべし。汝らの苦難はこれにて終るべし。我の働きを致すべからず。

十七日の夜、タケシツカサ、アキヒイラギ二明神を呼びて、詳しきこと尋《たず》ぬべし。かの二明神に協力すべき方策を授けおきたり。一日の潔斎をなして、再び子の刻この社に参るべし。

重ねて汝らに告ぐ。この二十日間の精進汝ら最終《さいしゅう》の精進なるべし。励み努め怠るべからず。働きを集中して無駄《むだ》なからしめよ。汝ら命を捧げて精進すべし。

汝らの同志五人の者に、神界より明神《あけつみかみ》ないし龍神《たつみかみ》をつけん。五人の者は二十日の後、汝らの手《て》足《あし》となりて働くべし。よくよく教育して、この教えの柱たらしめよ。汝ら心して精進《しょうじん》せよ。

重ねて言う。十七日、子の刻、アキヒイラギ、タケシツカサ二明神に聞きて詳しく方策を授かるべし。

吾れは即ち二十三日亥の刻、再び汝らに相まみえん。汝ら心して精進せよ。

霊　示（一月十八日深更）

タケシツカサ明神です。

いよいよ時が迫《せま》りましたね。今日お集まりの五人の方に、非常に強力な明神様《みょうじんさま》、龍神様《りゅうじんさま》がおつきになっています。

アキヒイラギ明神が、今お迎えに行っております。順次《じゅんじ》一人ずつあなたの前に北向《きたむ》きに坐ってもらって下さい。瞑目合掌《めいもくがっしょう》。一人ずつ前に出て、名前《なまえ》と年齢《ねんれい》を言って下さい。

渥美《あつみ》明三――トキハナノヰ明神です。（少彦名命様のもとで、ここ六年間修《しゅう》された明神です）

中川卓也《なかがわたくや》――キノネ龍神（神界の龍神です）

秋葉正雄《あきばまさお》――アオミネ明神（少彦名命様のお弟子です）
川島和夫《かわしまかずお》――シラネ龍神（神界の龍神です）
白井金次郎《しらいきんじろう》――ミドリサカ明神（少彦名命様のお弟子です）
おのおの五人の方、二十三日を期して銘々《めいめい》の守護神をお祭り下さい。一年以上お守り下さる筈《はず》です。二月十一日子の刻、各自対面《かくじたいめん》させます。
大祓百巻行、五社神社を使って下さい。お祭りは厳粛に取り行って下さい。「水書《みずがき》の法」は各自自分自身でやって下さい。龍神様の位は対面の時報せます。この二龍神は強力な龍神です。三明神は各々天の岩戸隠れに神界に召上げられ、第二の岩戸開きに働かれる人です。各自対面の節詳しく分かります。
本日より二月十一日迄毎日大字観法一回実習すること。必ず励行して下さい。皆様も素晴しい力が与えられています。
尚他に三人の方に守護神がおつきになります。二十三日の夜、お報せします。この八人の方を推進員として、二月二十二日迄必死の活躍をして下さい。なるべく既成の組織を利用してできるだけ、能率的におやり下さい。講習会を引続き積極的に関係する様にして下さい。ヒイラギさんは二十三日もっと具体的な方針をお報せします。二月五日が一つの転機です。「十言の神呪」解明のパンフレットの原稿にかかって下さい。三月上旬に印刷を終える程度にして下さい。

十六、明神訣別《みようじんけつべつ》

霊示（二月十八日）

アキヒイラギ明神です。

いよいよお別《わか》れが近くなりました。トキハナノヰ明神（註――生前の左右田武夫さん）は十六日に開眼《かいげん》なさいました。もう自由自在にあなた方のお言葉を、何処《どこ》におられても聞かれるようになりました。

トキハナノヰ明神はこのたび、周防《すおう》の国《くに》の神集岳《しんしゆうがく》でお働きになります。神集岳は高い山ではありません。著名《ちよめい》な田布施《たぶせ》から北一里、海抜《かいばつ》三百メートルの山です。おいでになればすぐ分かります。何でもありません。

トキハナノヰ明神はあまりおしゃべりになりません。自動書記の形でお報せがあるはずです。非常に思考力が深く、逞《たくま》しく、今後著述《ちよじゆつ》する場合、最も力添えになります。

尚、霊界の諸相について知られたいことは二十一日午前二時から正午迄十時間、自動書記の形で私とタケシツカサ明神が門田先生にお与えします。その十時間は大変大切な時間ですから、妨害が入らぬ様注意して下さい。場所は此処で差支へありません。ただなるべく暖くし、全くの暗室にするのは難しいでしょうけれども、できるだけ暗くして下さい。この十時間は相当本人が疲れますから、そのつもりでいたわってやって下さい。我々が申し残したことを一応全部お伝えするつもりです。

なお、自動書記について、難しい要求はありません。少くとも一昼夜精進し、子の刻から三字観法と十言神呪をあげて下さい。紙は奉書、筆は清浄なものを選んで墨汁で書いて下さい。相当の分量になりますから慌てぬ様用心して下さい。

なお、二十一日夜十時から私とタケシツカサ明神と最後にお目にかかります。

神　示　（二月二十一日　子の刻）

我は住江大神なり。

汝ら我が命《めい》に従って精進したること、我尽《ことごと》く嘉《よみ》すべし。

汝らのために特に遣《つか》わされたるタケシツカサ、アキヒイラギの二明神、今夕を以て汝らより離《はな》れ、地球神界における修業を成就し、新しき修行を致すこととなりたり。彼等にして汝らに与えたるもの誠に貴かりしこと、汝ら肝《きも》に銘《めい》ずべし。二明神は再び見ずと雖《いえど》も、汝らのために新たに協力せんとするトキハナノヰ明神により、神の御稜威《みいつ》ますます強くいよいよ高くふりかかふらせ、ここ神界の経綸《けいりん》を行《おこな》わしめんとす。精進して、これを肯《うけが》うべし。

汝らのうちの一人は三月一日、我が命《めい》に従い、周防神集岳頂上において、太祝詞《ふとのりと》を与えること先に示したり。これを実行して太祝詞、並びに太占《ふとまに》の秘法を開顕《かいけん》すべし。

我汝らのために新たに二柱の明神を遣《つか》わして太祝詞と太占を知らしめんとす。かの二柱の明神は高天原第五階、即ち第一神界の最上階《さいじょうかい》において最も練達《れんたつ》の士《し》なれば、最高の力と加護《かご》を与うべし。

トキハナノヰ明神はこれら二明神のもとにおいて三百六十五日修行《しゅぎょう》したり。トキハナノヰ明神の力にて太占の秘法を偉大なる施法《せほう》となさしむることを許す。

タケシツカサ、アキヒイラギの二明神去るにあたり汝らに宇宙の神秘を伝えたり。これら肯《うけが》いたりや。おろそかになすべからず。

タケシツカサ、アキヒイラギの二明神は仏仙界、神仙界に派遣せられたり。神界の経綸を行うこととなり。少彦名命の殊の外の喜びもて、ここに出発したり。黒金、白金の二龍神、本日彼等二柱の明神の龍車となりて送りたり。

なお、汝らに告ぐ。タケシツカサ、アキヒイラギ二明神を祭るべし。タケシツカサ明神の祭りは六月十日なり。アキヒイラギ明神の祭りは十二月三日なり。汝ら新しく神殿を設けて、二明神を祭るべし。これら二明神は祭りたる後、仏仙界、神仙界において汝らのため、なお力を与うべし。よく精進してこれを受くべし。

最後に汝らのために、記憶しおくことあり。三月二十一日をもって汝らに与えたる法を天下に公表することを許す。

汝ら山上にて得たる太占の秘法は汝らにとどめ宝となすべし。公表すること許さざるなり。三月一日のことはことごとく秘めおくべし。顕《あきらか》にすべからず。我、汝らに厳命しおくなり。

霊　示（同夜）

タケシツカサ明神です。

お約束により、神界第一階より第三階までの実相を伝えます。

先ず、第三階はいわゆる哲学の世界、第二階は宗救の世界、第一階は無相《むそう》の世界と思って下さい。おのおの「角立《かくたつ》」の世界ですから、人の言葉では伝えられません。神界の文字でお聞かせします。言葉も神界語ですが、あとで教へられます。筆を静かに立てて暫く無念無相になってください。（神界語は略）

以上が第三階のことです。ここには有名な哲学者として、カントを最高として多くの哲学者たち、日本の本居宣長《もとおりのりなが》もおられます。神界語は三月一日、山の上で三百文字教えられます。トキツハナノさんは権威者の一人です。いずれ詳しく教えられます。（神界語は略）

以上が第二階の説明です。七つの歌になっています。宗救の世界で吃驚《びっくり》することは、キリストの十二使徒がキリストと共に居ることです。長い人類の救済が嘉《よみ》せられて、僅《わず》かの間にみんな急速に昇って来ております。仏教では空海、聖徳太子、良寛が目立ちます。また仏教中の大菩薩たちがおられます。しかしこの世界は七階になっていて、一様ではないのです。この七つの歌が分かると宗教の真髄が掴めます。これは将来よく研究して下さい。(神界語は略)

この四つの歌が第一階を解明した秘歌の中の秘歌で、人にして未だ嘗てこれを知った者はないのです。角立《かくたつ》といふ言葉はこの歌よりいでたものです。この世界は最上階であると共に中心であり、天御中主大神とスメロギの神々が存します。すべての力の根源《もと》であり、生命《いのち》の根源であり、その他の言葉では説明できません。

この世界より流れ出たものが、惟神《かんながら》の正道《まさみち》です。あなた方に示された神々は皆この世界におられます。従ってここは神の宮居ということができます。

この世界は無相の世界と言いましたが、捜《さが》し求められる世界ではないので、そう言ったのです。あなたが「神の宮居」なのです。と言って、心と言うのではありません。あなたの「統《す》」がこの世界なのです。だから、宇宙一杯ともいえるのです。「神の子」ということは、この「統《す》」とあなたとのつながりを言うのです。

太占の秘法とは、この歌より出でて、四・四、十六方位となったもの、「太祝詞」はこの神歌の段階八つの響《ひびき》なのです。

十言の神呪もこれらの神歌の組合せによってできています。あなたの十言の神呪も漸《ようや》く核心《かくしん》に触《ふ》れてきました。第二の組立はやや合格といったところで、まだまだ研讃《けんさん》が足りません。もっと語義《ごぎ》を広く取り、正確な表現が必要です。しかし確かに核心を掴《つか》まれたことは認められます。必ずやれるのですから、まっしぐらに精進して下さい。

第三の組立――即ち十言の神呪の奥義《おうぎ》は、今日の神歌にまたねばなりません。この神歌を解明《かいめい》できた暁《あかつき》に、さらに一つの目的の修行と、それに伴う使命を与えられます。神歌の勉強は誠に必《ひっ》死《し》でなければなりません。あなたはそれを成就し、生きながら神界の修行が積《つ》めるのです。本当に恵まれた人と申すべきと思います。多少《たしょう》の艱難《かんなん》はあなたの力を証明する桧舞台《ひのきぶたい》となります。どうか勉強して下さい。

あなた方が神の因縁を忘れ、二人別々の働きをすることは許されません。すべての徳《とく》を失うことになり、永遠《えいえん》の贖罪《しょくざい》を求められます。あなたがよく愛着《あいちゃく》の絆《きずな》に耐《た》え、悪戦苦闘《あくせんくとう》しておられることは、神様に認められています。組織を解せず、銘々別々《めいめいべつべつ》に働くことは、今の段階にいちばんいけないことです。神界の経綸《けいりん》は、そうたびたび遷延《せんえん》することは許されません。今のままの状態を続けられると、あなた方に期待をつながれなくなります。この状態はすべて違勅《いちょく》の罪《つみ》です。どうしなければならぬか、二人で相談すれば、すぐ結論が出るはずです。結論が出たら速戦即決《そくせんそっけつ》に実現を計《はか》らねばなりません。

三月一日神集岳《しんしゅうがく》で徒手空《としゅむな》しく帰ることのないよう、すべて計画的《けいかくてき》に進めなければなりません。神様はあなた方に十分の思考力を与えておられるのです。ハタキで蝿《はえ》を追い廻《まわ》すような布教《ふきょう》はやめることです。このさい方針に確《かく》たる一線《いっせん》を画《かく》し、迷える同志にかかわりなく、新方針を貫きなさい。今ある同志の迷いも、あなた方の不一致から来ておるのです。教《おし》えを弘《ひろ》めるには教えの権威《けんい》がなければなりません。裁《さば》く者は俊然《しゅんぜん》として退《しりぞ》かしめ、固い同志のみ結集して、新方針を貫きなさい。機運《きうん》は目前《もくぜん》に迫《せま》っているのです。

次に皆様の守護神様のことを報せましょう。

トキハナノヰ明神は完全に御開眼《ごかいがん》になり、その素晴《すば》しい思考力と、毅然《きぜん》たる実行力とをもって、必ずや私達以上の成果をおあげになると思います。生前のような陰影《いんえい》は残《のこ》る隅《くま》なく拭《ぬぐ》われ、今その美しい霊体を誇《ほこ》っておられ、すべてに雅《みやび》な、奥行のある神格《しんかく》を備《そな》えて参《まい》られました。これからはほとんど自動書記によって、必要なことは極めて明確にお伝えあるはずです。明神位《みょうじんい》にお就《つ》きになって、まだ百日《ひゃくにち》ですが、その進歩の早さは実に驚異的です。明神はその父母の因縁を救うため、常人《じょうじん》のとても及ばざる精進を励まれた結果です。実に美しい文章家《ぶんしょうか》で、あなたの著作《ちょさく》の場合、誠にもよき指導者を得たものです。これからは著作に全精力を傾倒して下さい。私はあなたの中でよくお喋《しゃべ》りしましたが、トキハナノヰ明神はあなたの中で、美しい文章を書くでしょう。

次にキノネ、シラネ二龍神の因縁を申します。これら二龍神は神界第五階にて、既に五百年にあまる修行を積《つ》まれて来ました。誠《まこと》の心一筋《ひとすじ》の方々です。前生はあまり遠くて詳しくは知りませんが、何でも神武天皇《じんむてんのう》御東征《ごとうせい》のみぎり大功《たいこう》あり、まさに大和《やまと》に入らんとする前、天皇の御前に醜《しこ》の御《み》盾《たて》と散った兄弟で、天皇これを惜《お》しみ給い、永く宮中《きゅうちゅう》に祭られた方々です。まあ言えば、靖国《やすくに》の遠《とお》津祖神《つみおや》と申すべきでしょう。今の御修行が誠一筋となっていますので、これを成就されれば最高の龍神となられます。この龍神に護《まも》られる方々は、あなた方の不二龍宮会《ふじりゅうぐうかい》の創立《そうりつ》になくてはならぬ人となり、やがては全身全霊をもって道に仕える方です。

野末《のずえ》青年の守護神クロフキ龍神は、仏仙界から直接神仙界第五階へ昇られた方で、前生は奈良《なら》朝時代《ちょうじだい》、大和法隆寺《やまとほうりゅうじ》で修行された、やんごとなき皇子《みこ》で、十五歳にして夭折《ようせつ》された由《よし》です。霊相《れいそう》の高さで衆僧《しゅうそう》を圧倒《あっとう》し、涅槃《ねはん》とともに死骸《しがい》の消えた……いわゆる屍化仙《しかせん》です。龍神の修行はまだ間もありませんが、霊相いや高く、神々の恩寵《おんちょう》目出たき方ですから、神界の霊妙《れいみょう》を示される御働きを見せられると思います。この龍神のついた方は、必ず霊相高く、長生安楽《ちょうせいあんらく》、修行熱心で、道のため偉大なる標《しるべ》となります。

中山《なかやま》青年の守護神モエギナミ明神は、一番活動力《かつどうりょく》のある方です。前生は私と同じ軍人《ぐんじん》で、南方で戦死された一無名戦士《いちむめいせんし》ですが、その前生において長らく五十鈴《いすず》の宮居《みやい》に仕《つか》え、その誠実、神を喜ばしめるほどのお勤めをまっとうされた方です。この明神は古式《こしき》の神事有職《しんじゆうそく》に詳《くわ》しくあと五十日もすれば必ず霊音《れいおん》をもって、あなたの前へ現われます。この方に守られる方は、その運命が見るみる好転《こうてん》し、名実《めいじつ》ともに道の柱《はしら》となります。

懈怠《けたい》の人、不信《ふしん》の人からは、守護神が離れて神界へ帰られますが、その場合、その人は次の生において長く幽界《ゆうかい》の苦しみを味わうことになります。神を冒涜《ぼうとく》した罪は、地上の罪悪《ざいあく》の中で最も重い因縁を受けます。

なお、トキツハナノヰ明神の祭は十八日、キノネ・シラネ龍神の祭は十五日、モエギナミ明神の祭は五日、クロフキ龍神の祭は二十五日となっています。正式の祭については大神様より御指令があるはずです。

霊示（二月二十一日朝）

アキヒイラギ明神です。

いよいよお別れの時が来ました。この次は多分《たぶん》四年後となりましょう。その時は必ずあなた方によって、神の御旨《みむね》が成就される基盤《きばん》ができていることと思います。

十言の神呪第二の組立は、相当徹《てっ》した理論を嘉《よみ》せられていますが、円味《まるみ》が足りないのが珠《たま》にきずです。しっかりした美しい肉をつけてくだされば、これだけでも宗教理論として冠絶《かんぜつ》したものです。もうすべてお分かりになっているのですから、あとはトキハナノヰ明神さんの智恵《ちえ》を借りて、美しく且清新《せいしん》な文章として、発表を許されるでしょう。

表現が堅《かた》くならないよう、まず高等学校卒業生の誰にでも分かる程度のものを発表してください。できるだけ高尚《こうしょう》な譬喩《ひゆ》をもって、分かり易《やす》く書いて下さい。十言の神呪の奥義《おうぎ》の組立は、最前の四つの神歌を研鑽《けんさん》なさることによって、必然的に分かるのですが、これは到底《とうてい》公表が許されまいと思います。

次に「人間なるもの」の根本的《こんぽんてき》な組立を少しお話しておきます。これが分からなければ、霊界の具体的な話が分からないはずです。

まず人間のたましいが四つあることは御承知《ごしょうち》の通りですが、このたましいの呼名《こめい》が太祝詞《ふとのりと》の初《はじ》めになっているのです。（註――太祝詞とは、ヒト、フタ、ミヨ、イツ、ムユ、ナナヤ、ココノタリ、モモ、チヨロズです。）

第一が「ヒト」、第二が「フタ」、第三が「ミヨ」、第四が「イツ」となっています。

「ヒト」は母の胎内《たいない》で生まれ、肉体の死とともに消えるもので、あたかも身体中の細胞《さいぼう》の姿に譬《たと》えらます。

「フタ」はいわゆる個性生命《こせいせいめい》の本体《ほんたい》で、一名「直霊《なおひ》」というものです。その人の人格《じんかく》、霊格《れいかく》の主体で思考力を司《つかさど》っています。これが永遠《えいえん》の生命《せいめい》です。

「ミヨ」はいわゆる、憑依的指導霊《ひょういてきしどうれい》または因縁霊《いんねんれい》で、人の出生《しゅっしょう》に先立《さきだ》って、「フタ」について離れず、また再三入れ替《か》わるものです。あなた方の用字観法の影響を百パーセント受けるものです。これは肉体死後の生活まで左右します。何処《どこ》までもついてくることが多く、どちらかと言えば、身寄《みよ》りの霊、祖先霊《そせんれい》が多いのです。

次が「イツ」ですが、これは「イツの世界」――即ち神界より遣《つか》わされて、その人をして神の経綸を行わしめるために稀《まれ》につくもので、本人に自覚できることは珍《めずら》しいのです。

これら四つの「ミタマ」は、実に複雑な組合せをもってその人を形作《かたちづく》っています。

例えば本霊《ほんれい》たる「フタ」が、他のミタマに支配《しはい》されて、動きがとれなくなっている人が実に多いのです。あなた方がこれから勉強されるに従って、よくお分かりになれます。この四つのミタマの組合せと支配関係《しはいかんけい》によって、十二の型と性格《せいかく》が生れます。

詳しくはトキハナノヰ明神さんに教わって下さい。

ここで第一霊の「ヒト」に障害《しょうがい》のある人のために、この障害をとる観法をお伝えします。これも秘伝ですから、かりそめに発表してはいけません。

この観法は古来「ツイミツリの法」と呼び、遠き昔に廃《すた》れて、今は伝わっておりません。

まず、少彦名命の御名を小声に唱え、次に、太祝詞十回、次に、ヒト・フタ・ミヨ・イツとだけ十回唱えます。その時、「ヒト」だけ発声してあと黙唱します。次に、少彦名命の御名を唱え終るのです。手印は普通の合掌の形で、親指のみ離して強くミゾオチに当てがうのです。

これは自分自身がやれば一番効果があがるのですが、あなた方が施法《せほう》してもよろしいのです、しかしその時は必ず背後《はいご》からやり、終わりに「イェーッ」の気合を入れて下さい。こんな簡単にして、効果《こうか》百パーセントの秘法はまたとありません。

人間の死後、「フタ」は「ミヨ」「イツ」とともに霊界に移行します。「ヒト」の滅後《めつご》も「フタ」にその霊的障碍《しょうがい》が残っている場合は、長くその因縁に苦しめられます。特に「ミヨ」の中にそれがありますと、それはとてもひどい状態《じょうたい》となり、到底氏神《とうていうじがみ》のもとまで行かれません。幽界で「中有《ちゅうう》」の生活をする霊魂《れいこん》は全部《ぜんぶ》これです。「ミヨ」の清まりたるもののみの場合は、楽《らく》に氏神を見付《みつ》け、少なくとも霊界、神界のうちへ進むことができます。

「ミヨ」はおおむね複数《ふくすう》で、稀《まれ》に一人のものもあり、死後直ちに新たな「ミヨ」のつく人もあります。また死後「イツ」の御加護《ごかご》を受ける人もありまして、こんな人は必ず仏仙界または神仙界へ行きます。

「フタ」が生前《せいぜん》に氏神としっかりしたつながりを持っているのが、一番理想です。ここに氏神《うじがみ》信仰《しんこう》の重要性があるのです。

生前「イツ」の御守護を受けることは、極楽行《ごくらくゆき》を予約されたようなもので、誠さえ失わなかったならば、必ず仏仙界以上の世界へ行くのです。軽々《かるがる》しく「イツ」が来ると思ってはなりません。億万長者《おくまんちょうじゃ》の婿養子《むこようし》に行ったよりも、遥《はる》かに恩沢《おんたく》の多いことなのですから、徹底《てってい》した感謝が湧《わ》いてくるはずです。人間の一生のうち一番重大な時期《じき》は、この「イツ」との結びつきの時です。どうかあなた方の弟子達に、このことを過《あやま》ちなく伝えて下さい。懈怠不信《けたいふしん》を起こす罪は、前言ったように、重大な結果を来世《らいせ》にきたしますから、くれぐれも注意して下さい。

「ミヨ」が大国主命のお指図《さしず》を受けるためには、普通《ふつう》五十日かかります。ですから如何なる人でも、この期間は「中有《ちゅうう》の世界」におるわけです。しかし「フタ」が目醒《めざ》めていると、この時ですら進歩が与えられます。

美妙界には三十三階《かい》あります。

仏仙界にも同じく三十三階あります。

神仙界のみ三十四階あります。

この三つの世界合わせて百階《ひゃくかい》を、太祝詞《ふとのりと》の「モモ」と申しているのです。

「チヨロズ」とは、神界の別名です。

「ココノタリ」とは、幽界の門です。

「ナナヤ」とは、大国主命の宮居です。

ここで「ムユ」が残りました。

「ムユ」は今地上誰にも分かっていません。

これは、前の四つの神歌の中に歌われている神韻《しんいん》で、「ムユ」によって人間が神にまで進化昇華《しんかしょうか》できることになっているのです。即ち、太占《ふとまに》の秘法です。あなた方は来月一日神集岳で、この「ムユ」を頂けるのです。本当にミタマノフユ（恩寵《おんちょう》）に感激されておることと、お喜び申上げます。


「美妙界」はいわゆる善行《ぜんこう》の人が行きます。

「仏仙界」は仏の恩寵豊かな人で、祖先の因縁によって仏縁《ぶつえん》ある人、そして仏教信仰厚《しんこうあつ》き人が行きます。

「神仙界」は同じく祖先の因縁により神縁深《しんえんふか》く、かつみずからも神の信仰厚き人のみが行っています。

これらの世界の詳しいことは、あなた方が太占《ふとまに》を得られた後、自由に神々の思召《おぼしめ》しを物理的に知らせる時期になって、自然に会得《えとく》されることです。あなた方二人とも、この深き神のミタマノフユをないがしろにすることは、他の如何なる人の罪よりも深くなることを考えて、神様の思召《おぼしめ》しのままに勅命《ちょくめい》かしこみ、一切の障碍物《しょうがいぶつ》を排除《はいじょ》して、まっしぐらに進んで下さい。

三月二十一日の大神のお許しを必ず受けて下さい。あなた方にはさらに高き二明神が御降臨《ごこうりん》の上、御協力になるのではありませんか。

そのうちのお一方は、あなた方の太占《ふとまに》を指導され、他のお一方は、実際布教にあてられるはずになっています。神の経綸をあなた方の懈怠《けたい》や、利己的《りこてき》な褉足らずのため、踏みにじらないよう、くれぐれも気を付けて下さい。

なお最後に、タケシツカサさんと私とのお願いがあります。私の長男は今御影《みかげ》の父のもとに居《い》ます。タケシツカサさんの長男は、姫路《ひめじ》の叔父《おじ》さんの処に居られます。どちらも宗教的に恵まれた素質《そしつ》を持っていますので、是非将来《ぜひしょうらい》御指導を御願い致します。

十七、「十言《とこと》の神呪《かじり》」解説《かいせつ》

顕字《あじ》神呪

天照《あまて》らすみおやの神《かみ》のみすまるの　いのち射照《いて》らし宇宙《くに》静《しず》かなり

これは天照大御神の表の神呪であり、縦《たて》の真理です。天照大御神の尊貴なる御生命《みいのち》は、地球、太陽系宇宙、小銀河系宇宙、大銀河宇宙等の全宇宙を貫き、時間・空間のひろがりをも貫いて、あたかも無数の射矢《いや》の如く放射《ほうしゃ》され、事物《じぶつ》をはじめ森羅《しんら》万象《ばんしょう》一切のものに、生命を与えております。その御本質は「みすまる」であり、「大調和《だいちょうわ》」であり、その相《すがた》――御姿《おすがた》はうるわしい平和そのものであります。

天照大御神の御生命の射矢のとどまりました「的《まと》」は、即ち「矢的《やまと》」であり、「大和」であり、「日本」であります。

天照大御神の射矢が尽十方《じんじっぽう》に隅《くま》なく、尽未来際《じんみらいさい》（永遠の未来、永久）に限りなく放射されている相《すがた》を、「みすまる」と言うのであります。我々人間の個々の生命にも、動物・鳥類・虫・草木・黴菌《ばいきん》類の生命に至るまで、その射矢はそのまま与えられているのであります。世界各国の全人類が在来《ざいらい》の片寄《かたよ》った宗教宗派にとらわれることなく、この大真理を悟り、万物一切に輝く天照大御神の大生命を観知《かんち》するならば人々の生命は燦然《さんぜん》として照り輝き、内在する真善美《しんぜんび》の本質を発揮し、万人の生命の間にも、生きとしいけるもの、ありとしあらゆるものの間にも、おのずからうるわしい大調和が実現し、全生命は完全にその営みを成就し、平和の世界が顕現《けんげん》するのであります。

誠字《まじ》神呪

まることは大《おお》きさざめの極《きわ》みなり　まこと開《ひら》きてきわみなきなり

これは住江大神の表の神呪であり、角立《かくたつ》の真理です。

自然界は大は宇宙より、小は元素・分子・原子・電子・量子《りようし》・霊子《れいし》・命子・生子に至るまで、その極限《きよくげん》の形は「まること」であり「球形」であります。しかもその運動は無際限《むさいげん》への展開でありますす。生きとし生けものは——アミーバから人間に至るまで、その絶対価値は「まること」であり「完全円満」でありまして、その個々の生命はさらに高次元の完全さえ無限の進化、向上、昇華《しようか》を続けております。

すべての人間、すべての物には、大小、貴賤《きせん》、美醜《びしゆう》等々の相《すがた》があり、しかもその両端《りようたん》には極限《きよくげん》があるように思われますが、それがひとたび「心」と直面し、その相の成立にさかのぼって哲学する時、一切の極限は否定されるのであります。

人間は今、「肉体と肉体心」「幽体と幽体心」「霊体と霊体心」「神体と神体心」の四つを神に賦与《ふよ》され、生かされておりまして、肉体・幽体・霊体・神体をコントロールする四つの心の働きにも、人間智で考えますと、大小・高低等々の極限があるように認識されますが、その四つの心の奥の奥なる、依《よ》って来たる原因まで沈思黙考《ちんしもっこう》してみるならば、まったく極限は無く、「きわみなきもの」なることを悟ることができます。

物心二つながら、縦横《たてよこ》二つの真理の十字の中心点——即ち時間と空間の中心点に在る時、その価値は「まること」であり、完全円満そのものであります。

心の世界には、尊崇《そんすう》、感謝《かんしゃ》、忠義《ちゅうぎ》、孝行《こうこう》、愛情《あいじょう》、慈悲《じひ》、奉仕《ほうし》等々……数限りない言葉がありますが、それらは神仏、祖先、天皇、父母、妻子、隣人等々……に対する誠、即ちまことの発現展開であります。

さらに「生命」の神秘な世界を考究《こうきゅう》し直観《ちょっかん》する時、「生命」もまた極大、極小の極限は「空無《くうむ》」と化し、「まこと開きてきわみなき世界」であることを悟ることができるのであります。

「静《せい》の真理」「止《し》の真理」の場合は、大を極大に、小を極小に限定します。けれども「動《どう》の真理」「行《ぎょう》の真理」の場合は、まったく大をも小をも極限せず、「ムユの真理」と完全に融合《ゆうごう》するのであります。

用字《てじ》神呪

照《て》る月《つき》の映《うつ》りてまどか池《いけ》に在《あ》り　など波風《なみかぜ》に砕《くだ》けけるかも

これは少彦名命の表の神呪であり、横の真理です。

月の円相《えんそう》を照らした天照大御神の御光《みひかり》は、今、月の円相をそのままに池の中に映《うつ》しております。池の中にある満月は、決して月そのものではありません。真如《しんにょ》の月は天空に明々皎々《めいめいこうこう》として輝いております。池の端に立っている人は、池の中に月の円相がそのまま顕現《けんげん》していると観察しているのであります。

ところが、その時一陣《いちじん》の風が何処からともなく吹いて来て、鏡のような静かな池の面に大小さまざまの波が生起《せいき》したかと見る間に、池の中の満月は千々《ちぢ》に砕《くだ》けて、波のまにまに変幻《へんげん》してしまいます。人間の感覚がとらえている客観世界は、かくの如きものであります。千様万様《せんようまんよう》の統一の無い差別の相は、池の面に生起《せいき》している波であり、その波は一陣の風という因縁——即ち無明《むみょう》によって生起したのであります。風は「実体なき動」でありますから、「実体なき形」として波がつくり出されているのであります。

今や池の底に円相の月の姿を見ることはできないけれども、観《かん》の転回によって頭をめぐらして仰《あお》ぎ見るならば、真如《しんにょ》の月は中天《ちゅうてん》に懸《かか》っていて、その輝きは天照大御神のみすまるの光そのものであります。真如は無明の風を知らず、因縁の波にかかわらず、厳然《げんぜん》として円相を顕現しております。しかし、風を離れて波は無く、池の水を離れて波は無いのであります。水面の鏡は即ち人の心であります。無明縁起《むみょうえんぎ》の風によって、人の心が波立てば、肉体に病的症状を起こし、環境に不幸《ふこう》災難《さいなん》をもたらすこともあるのであります。しかし、三世《さんぜ》にわたる業因縁《ごういんねん》も「用字観法」を実修することによって解消《かいしょう》されるのであります。

動字《らじ》神呪

蘭《らん》の香《か》の貴《とおと》かりけるおのがじし　花《はな》も葉も根《ね》もいそしみてあれば

これは大国主命の神呪であり、横の真理であります。

世にたぐいなき、高貴《こうき》な香《かお》りは、蘭《らん》の香りであります。その高貴な香りは、一体何処《どこ》から来るのでしょうか？　それは花も葉も根もおのおのが、いのち一杯、力一杯本分《ほんぶん》を尽《つ》して、一つの香りの中に溶け切っているからであります。また各自がそれぞれその個性を通して、一体の働きに参加し、完全に立派にその務《つと》めを果たしているからであります。即ち花も葉も根も各個に与えられた本分に満足し、その使命を理解し、各自の場において、絶対無我の精神で、その職責《しょくせき》を見事《みごと》に果たしております。

さらに花も葉も根も個と全体とを切り離すことなく、混同《こんどう》することなく、反逆《はんぎゃく》することなく、全体のいのちに帰命《きみょう》し、喜んで奉仕しております。全体のいのちの営みが最も完全に行われる成果は各個に行きわたり、各自が馥郁《ふくいく》たる芳香《ほうこう》を背負っております。家庭においても、学校においても、会社においても、我々はかくの如く高貴な香りを発散《はっさん》しなければなりません。香りの中に個性が渾然《こんぜん》たるものがあるように、富《とみ》の中にも各自の個性が渾然たらなければなりません。本当の聖《きよ》らかな富というものは、単なる物質や金銭の集積《しゅうせき》ではなく、蘭の香りの如く「無形なるもの」「香ぐわしきもの」でなければなりません。我々は今置かれている「場」であるその家庭、その学校、その会社、その町、その国が蘭の如く馥郁たる芳香をかもし出すまで、各個人に恵まれている長所を生かし、仕事にいそしみ、天命を全《まっと》うすべきものなのであります。「動字観法」を実修すれば必要な時に必要な人と物と金とがタイミングよく恵まれるのであります。

統字《すじ》神呪

統《す》ゆ水《み》火《ほ》ゆ光《ひかり》かかふるすめろぎの　御《み》代《よ》開《ひら》けてぞ永遠《とわ》に安《やす》けき

これは天御中主命の表の神呪であり、角立《かくたつ》の真理であります。宇宙の運動が超自然的統一の相であることは、大は超天体宇宙から、小は素粒子《そりゅうし》に至るまで貫いている真理であります。現在最も精密な電波望遠鏡ですら観測することのできない超天体宇宙も観測できる大銀河系宇宙も必ず中心を失うことはないのであります。

天御中主命の本御体は妙有《みょうう》を内蔵《ないぞう》する空無《くうむ》の一点でありまして、全大宇宙はこの中心に統一されているのであります。最近電波望遠鏡の急速な進歩によって、次々と不思議な星が発見されました。

「ギョシャ座」の近くに在る星は、その星の光が星自体の強烈な引力によって、光の進路が屈折されて、その星の外に出られないために、「ブラックホール」即ち「黒い穴」と名付けられております。在ることは確かに在るのですが、精密な望遠鏡でも観測することはできないのであります。光を吸い込む引力とは一体どんな強さかと言いますと、地球を角砂糖《かくざとう》一個の大きさに凝縮《ぎょうしゅく》するほどの力なのであります。もし人間が宇宙船に乗って、その星に近づけば砂粒《すなつぶ》よりも小さく凝縮して消滅するのであります。こういう星は大銀河宇宙に無数に在るのでありまして、終末期に入った光る星は、最後燃え衰えて絶滅するのであります。現在太陽系宇宙は凡《およ》そ五十億年前に創造され、五十億年後は「ブラックホール」となって消滅すると予言《よげん》する人もあります。

また宇宙には「準星」という星があります。これまた神秘な星でありまして、準星の光の明るさは、太陽の万倍どころか、普通一千億の星の集団であるところの星雲よりもさらに明るいのであります。ところがその準星の大きさは宇宙の中で最も小さい星より遥かに小さく、「妙有《みょうう》」という中身《なかみ》がギューギューに圧縮されておりますが、決して空無ではないのであります。天御中主命は「統《す》」の一点でありまして、かかる「黒い穴」の星や準星等をも創造する絶大な力の根源であります。

「古事記《こじき》」に書かれておりますように、高天原——即ち超大宇宙に、天地《あめつち》の初発《はじめ》の時成りませる神が、天御中主神でありますが、その姿を隠《かく》りまして、ただその気のみを顕《あら》わし給うたのであります。この時天御中主神は己が気を分かちて二つとなし給い、高御産霊神《たかみむすびのかみ》、神御産霊神《かみむすびのかみ》の二柱の神が成り給うたのでありまして、高御産霊神は「火の気《ほけ》」であり、陽であり、霊であり、心の根元であり、神御産霊神は「水の気《みけ》」であり、陰であり、体であり、物の根元であります。

神は天体的宇宙には直接御力を加えて、統御《とうぎょ》しておられますが、生命的世界には人間を遣わされて、人間に「心」という無上の宝を与え、人間をして神の大御心《おおみこころ》と神の大経綸《だいけいりん》を悟らしめ、御心が天に成る如く地にも成らしめようとしておられます。機《き》は迫《せま》りつつありますから、やがて地上に現人神《あらひとがみ》のような聖皇《せいこう》が出現すると思います。その時地上には一切の争いがなくなり、国境は抹殺《まっさつ》され、地上に天国が顕現するのであります。

「統《す》」より発する光と、「水火《みほ》」より発する光が光被《こうひ》する「すめろぎ」の御代が地上に展開《てんかい》すれば、永遠に平和な世界が成就するのであります。

大字《おじ》神呪

大《おお》いなる我悟《われさと》りなばこの身《み》われ　生《な》り成《な》り続《つづ》くは誰《た》がためにこそ

これは大国主命の裏の神呪であり、横の真理であります。

我々人間は、視覚・聴覚・嗅覚・味覚・触覚の五官を通して、差別《さべつ》の世界を認識し、経験します。その経験の帰結は、諸行無常《しょぎょうむじょう》、諸法無我《しょほうむが》であります。見る物の世界、観《かん》ずる心の世界は一切「消え行く相《すがた》」であって、「永遠なるもの」を悟得《ごとく》することはできません。けれどもかく観《かん》ずる「本当の我」とは、観ずる主《あるじ》そのものであり、これこそ永遠に生き通しの生命そのものであることを悟ることができます。前者は小智才覚の「小我《しょうが》」であり、後者は大悟徹底《たいごてってい》の「大我《たいが》」であります。客観《きゃっかん》世界は自分の心の展開でありますが、自分の生命と同じく、客観世界も無限無窮《むきゅう》に展開するのでありま す。

世界に比類《ひるい》なき個性を恵まれた「我なるもの」は、大国主命のミコトバに依って、先祖の末裔《まつえい》とし、親の子とし、妻の夫とし、子の親とし、友の友とし、国民の一人とし、人類の一員《いちいん》として、今ここに顕現しております。

自分の肉体やその心は数多《あまた》の因縁によって具現《ぐげん》したのでありますが、自分の生命そのものは神の大生命につながるものとして現前《げんぜん》しているのであります。小我は縦と横と高さの三次元の世界に生きる肉体人間でありますから、百あまりの元素より成り立つ世界を認識する五官の智恵が必要でありますが、大我《たいが》は、四次元の世界に生きる幽体人間《ゆうたいにんげん》や、五次元以上の世界に生きる霊体人間《れいたいにんげん》をさらに超えた無限次元の世界に生きる我でありますから、幽界・霊界・太陽系宇宙・大銀河宇宙をも抜け出し、無限の体と無限の心を持ちつつ神的宇宙を自由自在に遊行《ゆぎょう》しているのであります。しかし「この身我《みわれ》」なる小我をお恵み下さった大国主命に思いをめぐらし、感謝することを忘れてはならないのであります。「本当の我なるもの」は先祖、親、兄弟、配偶《はいぐう》、子、友、隣人、師、有縁無縁《うえんむえん》の一切霊、神々、万物、万象、法則等々……数え切れない無数の因縁が「中今《なかいま》」の今、「我」を場《ば》として生かされているのですから、これらすべてのものに感謝しなければなりません。大国主命はこの感謝の成就することを待っておられます。我々はこの感謝の念の中に初めて、大国主命のミコトバを聞くことができるのであります。

人間が「大いなる我」を悟ったならば、肉体人間の「この身我」は無限《むげん》次元《じげん》の世界目指《めざ》して、生《な》り成《な》り続いて行きますが、それは果たして「神」のためであるか、「衆生」のためであるか、「我」のためであるか、胸に手をあててジックリ考えてみようではありませんか。

小字《ほじ》神呪
ほのぼのと朝霧《あさきり》の立《た》つ深山路《みやまじ》に　母恋《ははこ》う雉子《きぎす》の鳴《な》く声愛《ねかな》しも

これは少彦名命の裏の神呪であり、縦の真理であります。

青葉若葉の翠《みどり》したたる深山《みやま》の朝です。下草《したくさ》に宿る露《つゆ》が五彩《ごさい》に輝き真珠《しんじゅ》のように光っています。ほのぼのと朝霧の立つ森の奥に、姿は見えねど、雉子《きぎす》の雛《ひな》がチチチチ……と鳴く可愛《かわい》らしい声が聞えて来ます。餌《えさ》が欲しくなって、母親を恋い慕《した》っているのでしょう。

少彦名命は、この雉子の母鳥《ははどり》のように優しい、愛情のこまやかな神様です。衆生の如何なる悲しみも苦しみも解消して下さる大慈大悲《だいじだいひ》の神様です。

宇宙の星々の整然《せいぜん》として狂《くる》いなき運行や、生物体の緻密《ちみつ》、合理的な組織を観《み》ると、神の御本質は「理《り》」であるように思われますが、深くふかく観察すると、神は大にも微にも、まことに行きとどいた、末の末までゆるがせにしない、うるわしい心遣《こころづか》いを持っておられることを悟ることができます。戦争、交通事故、天災、公害、難病《なんびょう》等々の場合、一秒の狂い、一厘《いちりん》の行《ゆ》き違《ちが》いが破滅《はめつ》へ直結する事件が頻々《ひんぴん》として起こりつつありますが、「小宇観法」を実修する人は奇蹟的《きせきてき》に救われるのであります。何故《なにゆえ》なら少彦名命は我々の安全を維持《いじ》するために凄《すさ》まじいまでの労力を惜《お》しまれないからであります。「神は常に働き給う」とある神様の御働きの原動力は大愛《たいあい》でありまして、宇宙の運行、生物の生成《せいせい》等ことごとく神の愛行実践《あいぎょうじっせん》の上に成り立っております。生きとし生けるものの心に宿《やど》る最も美しい宝は愛であり、それは神の大御心《おおみこころ》の模型《もけい》であります。愛行実践こそ我々にとって神に昇《しょう》華《か》する最捷《さいしょう》の道であります。我々はまず何よりも優先して愛に生きなければなりません。一切の学理研究、一切の生活活動の奥には必ず無我の愛が流れていなければなりません。愛とはみずからの中にすべてを生かす最深《さいしん》最高の心理作用であり、他を自己と見做《みな》す先験的《せんけんてき》な直感であります。愛がもしこの地上から姿を没するならば、金城湯池《きんじょうとうち》も一瞬《いっしゅん》にして潰《つい》え去《さ》るでありましょう。

三字《みじ》神呪

みそそぎの聖《きよ》き心《こころ》を保《たも》ちてぞ　まことの神《かみ》は顕《あら》わるるなれ

これは住江大神の裏の神呪であり、縦の真理であります。神は雨の日も風の日も、昼も夜も厳然《げんぜん》として存住し、整然たる宇宙の営《いとな》みを運行しておられますが、しかし神はひそかに隠《かく》れ給《たも》うて、表面《ひょうめん》に顕《あら》われることは滅多《めった》にないのであります。神は無限の「まること」であり、全相《ぜんそう》でありまして、その一部分は既《すで》に神ではないのであります。

「まことの神」とは「全相《ぜんそう》の神《かみ》」と言うことであります。部分《ぶぶん》の神は常に現われておられますが、それは「まことの神」ではありません。太陽が輝《かが》くのも、雪が降るのも、米を食べるのも、水を飲むのも……尽《ことごと》く部分の神であります。また、神懸《かんがか》りや霊媒《れいばい》に示される神も部分の神であり、低きものでありますから、これを「まことの神」として尊《とうと》んではなりません。しかし「まことの神」が果《は》たしてその全相《ぜんそう》を顕《あら》わすことがあるのでしょうか？

実は在《あ》るのです。禊《みそぎ》を完全に成就する時、全相の神は顕現《けんげん》し給うのであります。

まず水または海水によって肉体を清める。次に心の罪穢《つみけが》れを清める。次に肉体をもって代表する我とそれに附随《ふずい》する一切の物的要素と心的要素を捨離《しゃり》する。次に大脳皮質《ひしつ》をもって代表する感覚的世界《かんかくてきせかい》を、その官能《かんのう》そのものと一緒に捨離《しゃり》する。その後に興《おこ》る自己心内《しんない》の脈々《みゃくみゃく》たる生気を開顕《かいけん》し、豪健《ごうけん》なる覚悟《かくご》をもって、まっしぐらに生《い》き抜《ぬ》くこと――これを本当のミソギというのであります。

釈迦《しゃか》もキリストも大いなるミソギを完了《かんりょう》したのであります。ミソギした時の聖《きよ》らかな心を保ち続けるならば、「まことの神」は面前《めんぜん》に顕われ給うのであります。

幽字《かじ》神呪

輝《かが》きは照《て》り徹《とお》らせり天津日《あまつひ》の　奇《く》すしくもあるか優《やさ》しくもあるか

これは天照大御神の裏の神呪であり、角立の真理であります。

人間にとって最も偉大《いだい》で最も美しいものは太陽《たいよう》の相《すがた》であります。地球神界、太陽神界、銀河系宇宙神界等の主宰者《しゅさいしゃ》であらせられる天照大御神は、森羅万象《しんらばんしょう》とよろづの生命《せいめい》におしなべて光と熱を惜《お》しみなく与えております。光は神智《しんち》であり、熱は聖愛《せいあい》であります。人間の生命は天照大御神の御本質をそのまま恵まれ、何時《いつ》、何処《どこ》ででも、燦然《さんぜん》として輝き出づる可能性を持っております。絶対無我の自己の内奥《ないおう》から愛と美が輝き出る時、御稜威《みいつ》は我にかかふり、おのずから最高最貴《さいこうさいき》の生活が営まれるようになるのであります。人間が大御心《おおみこころ》をそのまま生くる時、その輝きは全宇宙に照り徹《とお》り、高次元《こうじげん》神界への道が開け、無限の幸福を味わうことができます。大御心は太陽の心であり、太陽の姿であり、六浴《りくごう》を照徹《しょうてつ》するのであります。

体字神呪《みいじ》

見《み》はるかす朝日《あさひ》あまねき青御空《あおみそら》　星影《ほしかげ》のはや見《み》えずなりけり

これは天之御中主命の裏の神呪であり、角立の真理であります。

人間が地球上に居《い》て、昼間《ひるま》見る世界は却《かえ》って小さく、夜間見る世界は遥《はる》かに大きいのであります。何故《なぜ》なら天体望遠鏡《てんたいぼうえんきょう》で夜空を観測すれば、大銀河《ぎんが》系宇宙の星々や星雲《せいうん》を見ることができますが、太陽が昇《のぼ》れば地球に一番近い金星すら姿を消してしまうのであります。しかし夜空をちりばめていた巨億《きょおく》の星々は昼間見えなくとも消滅《しょうめつ》したのではありません。太陽という強烈《きょうれつ》な近い光が輝くと、遠い星の光は消されるのであります。それと同じく我々は地球神界の天照大御神を観《かん》ずることはできても、より高次元宇宙の天照大御神を観《かん》ずることはできないのであります。

高級神界の神の光は、現に今、人間を照らしていても、近くの蝋燭《ろうそく》とか電燈《でんとう》とか物質的光に幻惑《げんわく》されれば、神秘的な神の光を見ることはできないのでありますから、我々は精神統一または鎮魂帰神《ちんこんきしん》して、人間智に迷わされることなく神智《しんち》によって実相世界《じっそうせかい》に超入《ちょうにゅう》し、大悟徹底《たいごてってい》しなければいけないのであります。

十八、前生《ぜんせい》の消息《しょうそく》

霊　示（昭和三十四年七月十二日）

ミアカシ明神です。

花井先生、間《ま》もなく正一位経津之国志命《ふつのくにしのみこと》【注五】の御神示があります。御準備下さい。

神示

余は正一位経津之国志命である。

本日は汝らの前生来《ぜんしょうらい》のいろいろの出来事《できごと》や、将来にわたることを教えて、汝らの決心をうながす。

おおよそ人の運命《うんめい》は、世の多くの運命論者が考えておる如く、一元的《いちげんてき》低次なるものではない。運命なるものの要素は、第一は人間の「フタ」（直霊《なおひ》）の性格であり、真澄神《ますみかみ》の御心である。これが第一のエネルギーである。

第二に人間の「フタ」に附随《ふずい》して、努力精進による徳《とく》が積《つ》み重《かさ》ねられた上に「ミヨ」、即ち守護霊《しゅごれい》が働く。守護霊との結びつきが変化する。それによる運命の推進《すいしん》――これが第二のエネルギーである。

さらにその両者を合わせ考えられて、真澄神がそれにふさわしい「イツ」（守護神）をお遣《つか》わしになる。この守護神《しゅごしん》はおのおの独立したものであり、しかも真澄神より全権委任《ぜんけんいにん》を受けておられる方であるから、守護神の個性的《こせいてき》方向に運命はたぐられていく。これが第三のエネルギーである。

おおよそ基本的なものはこれだけであるが、それらを綜合して、汝らは自己と外界との接点《せってん》に生命の火花《ひばな》を散らす。これを「念《ねん》」と言う。宇宙が即ち自己であるならば、外界は存在しないが、自己というものを宇宙の中に画定《かくてい》すると、宇宙の中の自己でない部分――「他《た》」というものが必然《ひつぜん》として生れるが、その場合の自己と他との接点において、汝らの本来のエネルギーが電気的《でんきてき》働きを現わして火花する。それが汝らの「念《ねん》」である。

この念が前三つのエネルギーを組合わせて、ちょうど三本《さんぼん》の紐《ひも》で縄《なわ》をつくるように前進させているのが、運命の外観《がいかん》である。縄という面から観《かん》ずれば、運命はただ念のつくりたるものであるが、その縄を構成する三本の要素を忘れてはならない。

この縄を見ず、三本の要素の一本をとって、独立《どくりつ》に観察するというやり方で行けば、いわゆる先天的宿命論《せんてんてきしゅくめいろん》というものが生れてくる。また、その宿命論《しゅくめいろん》は背後《はいご》に因果《いんが》の理法《りほう》を想定《そうてい》して、因襲《いんしゅう》的《てき》運命論を現出する。その因果《いんが》の理法は神の御心である。それは直霊《なおひ》——即ち本霊《ほんれい》の中に厳粛《げんしゅく》に把持《はじ》されているから、これらおのおのを一面的《いちめんてき》観察をしていろいろな運命論がなされているのであるが、その実相は今言ったように、直霊と守護霊と守護神との三つのエネルギーが、その「念」という他の力であざなわれて、縄《なわ》の如く一本のものになっているのであって、その本源《ほんげん》は「自他隔離《じたかくり》の相」である「ヒト」、即ち肉体人間《にくたいにんげん》にあるのである。それ故、肉体人間だけは、守護神がその運命をつかさどっているのである。

ところが「ヒト」の運命は普通のあざなえる縄の如く、一本のものではないのであって、この縄はさらにより太《ふと》く煙《けむり》の如く霞《かすみ》の如く、得体《えたい》の知れない、把握《はあく》し難い、別の縄があざなわれて、汝等の運命の全体を形づくっておるのである。

この眼《め》に見えない別の縄を「ムユ」というのである。しかして、この「ムユ」の縄と「ヒト」、フタ、ミヨ、イツの縄との二本の縄は、そのあざなわれ方に緩急《かんきゅう》、つまり「ゆるいときつい」があって、非常に複雑な不自然な縄になっておるのが普通《ふつう》であって、それらが先日汝らに与えた「神籠《かごめ》石《いし》」に現われているのである。あざなわれておるのであるから、それには周期的《しゅうきてき》な反復《はんぷく》がある。

ここで花井陽三郎について申し述べると、この二本の縄があざなわれて接触《せっしょく》し、また離《はな》れて次にまた接触してという具合《ぐあい》に、非常にルーズな縄になっている。その「ムユ」との接点は不規則的《ふきそくてき》ではあるが、一つの周期《しゅうき》を持っているのである。花井陽三郎はこの周期が、他の者に比較《ひかく》すれば規則的《きそくてき》であるから、その縄が非常に美しくあざなわれておることが分かる。その「ムユ」との接点を「シコ」と言う。これが運命の節《ふし》なのである。汝の場合はその「シコ」が、一歳《いっさい》・八歳・十八歳・三十八歳・五十八歳となっており、本年はちょうどその「シコ」に相当《そうとう》するのである。

この「ムユ」との接点である「シコ」に、自分の運命の主体をどの方向に結びつけるかということが、その人間の宗教的生命《しゅうきょうてきせいめい》である。この言葉をくだいて言うと、この肉体的な生涯《しょうがい》を無視《むし》した「永生《えいせい》する生命」としての見方を、余はここで「宗教的生命」と言っておるのである。この宗数的な運命は、単に「シコ」の時だけ変更《へんこう》を与えられるので、それが汝にとっては、「今」が絶好《ぜっこう》のチャンスである。それを逃すと、「ヒト」によっては、五年・十年、あるいは三十年・五十年と「シコ」は来ないのであるから、よほど大事であることが分かると思う。この「シコ」は「ムユ」の縄の接点であるから、汝の宗数的運命の主体は、何時でも「守護神」のエネルギーを借りて、「ムユ」の側に主体を持っていくことが可能なのである。

ここで不思議な伽噺《おとぎばなし》を付け加えるが、今より地球的時間で言うと十二億年以前に、即ち地球上の生物学的原生《げんせい》時代《じだい》より数億年《すうおくねん》前に、地球の外側の惑星《わくせい》である火星《かせい》上において、ちょうど今の地球上の人間の程度の文化を育て上げた人類があった。まあ人類としてはある程度進歩したわけである。これらの火星人類は今より十二億年前に、完全に、みずからの誤《あやま》れる智恵《ちえ》によって滅亡《めつぼう》したのである。

そうして、そのうちの極めてわずかな霊魂と、そういう文明に導くいしずえ（基礎）となった霊魂が、現在の火星霊界を形づくっており、いろいろ不思議な働きを地球に対して向けつつあるのであるが、そのころ火星人類が犯《おか》した罪《つみ》を、地球人類《ちきゅうじんるい》も再び犯《おか》そうとしておるかの如《ごと》く見えるのが現《げん》状《じょう》である。火星には一切肉体人類《いっさいにくたいじんるい》は存在《そんざい》しないで、霊魂《れいこん》だけが存在しているならば、物質的なものは何物も火星の上には無いのかということになるが、ここが地球上の汝らの智恵では理解できないことなのである。

「ヒト、フタ、ミヨ、イツ、ムユ」――これだけを総称《そうしょう》して「ハルミ」と言うが、「ムユ」が既に「イツ」の上にエネルギーとして働く状態であって、すべての仕事に対して、物質の果たす役割《やくわり》は非常に少なくなっているのである。「ハルミ」にとっては、水一滴《みずいってき》あれば百年《ひゃくねん》の生活に堪《た》えられるのである。酸素《さんそ》一リットルあれば、十年の旅行に堪えられるのである。即ち物質はまったく不必要ではないが、物質の効用《こうよう》が完全に使われておる訳であって、今「ハルミ」に馴《な》れていない地球上の汝らは、本当の物質《ぶっしつ》の価値《かち》の百万分《ひゃくまんぶん》の一の利用法を漸《ようや》く「原子力《げんしりょく》」の形で発見しておる段階《だんかい》であるから、凡《およ》そ想像できることではあるまいと思う。

これらは「ムユ」の力によって、一切の外界との接点を持つことがないから、即ち運動しても抵抗《ていこう》を感ずることがないから、エネルギー消費《しょうひ》は誠《まこと》に僅少《きんしょう》なのである。そして必要があれば何時《いつ》でも「ヒト」、つまり肉体人間を現わすこともできるのである。即ちある場合には肉体人間となって、金属性《きんぞくせい》の空飛《そらと》ぶ円盤《えんばん》を操縦《そうじゅう》しておるのであって、これは事実である。しかしそれは、彼等の活動の一駒《ひとこま》であって、他の活動の大部分は純粋《じゅんすい》に霊的《れいてき》活動であり、宗教活動《しゅうきょうかつどう》であって宗教生活をしているのである。これらのことは、今自然科学者が霊魂《れいこん》と取組む上に、どうしても超《こ》え難《がた》い溝《みぞ》となっているのであるが、地球人類では初めて、今汝らに報《しら》すのである。それゆえ大切な智恵として、よくよく考察してみるがよい。

これらの一般的智恵の欠けておる汝らには、神籠石《かごめいし》についてこれからいろいろ余が言うことも、汝らは判断力の内面を一面的に解釈し、それだけの智恵《ちえ》で律《りっ》してしまうと、何の効用《こうよう》もないので、あらかじめ予備知識として、以上のことを授《さず》けたのである。

汝らの前生《ぜんせい》については、かつての御神示に示された通りであるが、既に知っておるように、汝ら二人は相《あい》ともに霊界へ転出《てんしゅつ》した。汝ら二人の肉体の条件で、一つの棺《ひつぎ》に収《おさ》められ、京都東山の地に葬《ほう》むられた。汝らは幸《さいわい》にして、直《ただ》ちにナナヤの宮に至《いた》り、汝らよりもさらに早逝《そうせい》された○○○○に抱《だ》かれて××××斎殿《ときでん》において、初めて霊的手術を受けたので、ようやく汝らはおのおの一人前《いちにんまえ》の個性を持つことができた。しかしながら、その個性は誠に近かったので、十年の間××××修斎殿《しゅうさいでん》において、特修観行《とくしゅうかんぎょう》を努《つと》め、ようやくにして成人することのできた汝らは、おのおの別個《べっこ》に目指《めざ》す霊界へ送られた。ここで、花井陽三郎を「ナ」と言い、門田博治を「タ」と言うことにする。

「ナ」は直ちに美妙界の第三十三階に至り、そこで「ハルト」となった。

「タ」は××の奥宮《おくみや》に入って、さらに修斎《しゅうさい》三年にして「アヤト」となって、美妙界三階に送られた。「ハルト」とは発声官《はっせいかん》、即ち発声の役人であり、「アヤト」とは文《あや》、即ち文章《ぶんしょう》を書く役人である。

「ナ」は美妙界三十三階を経《へ》て、翌年三十二階、その翌年三十一階と……三十三年を経て仏仙界《ぶっせんかい》へ進み、おのおのその役《やく》は「ハルト」としてであって、彼は少年の当時から「ハルト」として非常に恵まれた音質《おんしつ》を持ち、他霊界との交信にあたったのである。またさまざまの「雄走《おばし》り」を受けて、国中《くにじゅう》に放送する仕事に忠実であった。既に仏仙界に至り、その誠実を買われ、初め自力修証《じりきしゅうしょう》、即ち坐禅《ざぜん》の道を百年にわたり努めたのである。彼の師は有名なるバンサイ禅師【注六】であった。得道《とくどう》してさらに仏仙界三十二階に進み、仏仙界各階十年を要して、四禅天《しぜんてん》を経て神仙界三十四階に至った。その順を終えること誠に正しく、霊界入り後、三百七十四年の後、神仙界に至ったのである。
美妙界において特に注意すべきことは、木星《もくせい》の伴星《ばんせい》（衛星《えいせい》）の霊界——龍華《りゅうげ》の端居《はない》——に居《い》たことがあるので、現在この霊界と特別の因縁をつけているのである。これは「タ」が約九百年を経て、同じく「アヤト」として、この「龍華の端居」で官《かん》に奉仕したことがあるので、今この霊界との因縁をなしておるのである。

さて「ナ」は神仙界の修行において「ハルト」としてでなく、既に飛禅天《ひぜんてん》【注七】の位を得て斎官《さいかん》となること、実に六百年を越《こ》えたのである。その間彼は神仙各階の数多《あまた》の霊界を斎官として、見廻《みまわ》り・観察《かんさつ》・報告《ほうこく》の役目を持ったのであるが、旅行を重ねることがすこぶる多く、霊的見分《けんぶん》は誰よりも広いのである。かくして六百年の間、霊界各階に派遣斎官《はけんさいかん》として働いた後、真澄飛禅天《ますみひぜんてん》として、紫《むらさき》界《かい》（注——神仙界の最上階）最高の宮居《みやい》へ奉仕した。時に日本国は明治維新《めいじいしん》を迎え、神仙各階との交通が便利となり、再び真澄神の命《めい》をもって、明治三十四年その「フタ」をハナイして、即ち直霊《なおひ》の記憶《きおく》を喪失《そうしつ》して、日本国の母の胎内《たいない》に天降《あまくだ》ったのである。「ナ」はその霊界生活における大部分を神仙各階の派遣斎官《はけんさいかん》として勤《つと》め、その広い見分《けんぶん》が神々の思召《おぼしめ》すところとなり、地上に派遣《はけん》されて来たのである。

次に「タ」について述べると、「タ」は美妙界第三階において「アヤト」として奉仕した後、仏仙界第二階忉悧天《とうりてん》界において、帝釈天《たいしゃくてん》のもとに真言坐法、並びに大止観《だいしかん》、即ち摩訶止観《まかしかん》を行じたのであって、この間、彼の仏仙界に対する地位を、最も強力なるものにした、一大運動を発議《はつぎ》したのである。それが即ち大乗《だいじょう》他力《たり》信仰《きしんこう》の先駆《さきがけ》として、日本の中世に天降った法然房源空上人《ほうねんぼうげんくうしょうにん》は彼の同窓であって、他力浄土門《たりきじょうどもん》の開祖《かいそ》となったのである。

「タ」は他力浄土門の出現する楔《くさび》を作ったのであるから、一書生《いちしょせい》として、「アヤト」として神仙界の勤《つと》めを果《はた》すことができたので、神仙界第八階へ登極《とうきょく》したのである。（この登極とは、即位《そくい》の意味ではなく、一挙《いっきょ》に十数階、霊界を跳《は》ね飛《と》んで進むことである）彼は始め美妙界第三階に登極し、次に仏仙界第二階に登極し、さらに神仙界第八階へ登極したのである。この神仙界第八階は、特に万霊神界《ばんれいしんかい》と言われ、ここにおいて飛禅天《ひぜんてん》としての働きは今尚《いまなお》記憶《きおく》されているところであり霊界のホープであったが、後に霊界各階の遊歴《ゆうれき》を神に願って許《ゆる》され、美妙界三十三階の各階を遍歴《へんれき》し、仏仙界三十三階の各階尽《ことごと》く遍歴し、神仙界一階より八階までを遊歴したのである。

しかして今より三百年前の慶長《けいちょう》の終わりに至り、特に少彦名命の御命《ぎょめい》を得て、仮に龍神位《りゅうじんい》につき、神仙界の一階二階三階を「マワタリ」したのである。（「マワタリ」とは、真澄神を乗せ参らせて、その御使命を達成させ奉らせる仕事である）この仮の龍神位は、只今《ただいま》のタカノアエ、ミアカシ両明神の明神位と同じく、ある一定の目的をもって特任《とくにん》されたのである。（注――この二人の明神は我々二人の愛弟子《まなでし》であり、優秀《ゆうしゅう》な修行者《しゅぎょうしゃ》であったが、おのおの二十七歳くらいで昇天し、霊界の厳しい修行に入ったのである）。そのころ既に地球各階にわたって、火星・金星その他の美妙界の霊人が数多天降《あまくだ》って、世界の統一を促進《そくしん》しようとしたのである。これは有名《ゆうめい》な「アシドの時」であって、

「アシドの時」とは、今より三百数十年前霊界に行われて、成らなかった事件であるが、「タ」はその時この運動《うんどう》に参加して大いに働いたが、ある事情のために、終局的《しゅうきょくてき》には成《な》らなかったのである。

彼はかくして龍神《りゅうじん》より真澄飛禅天《ますみひぜんてん》に戻《もど》り、神仙界第八階において再び「アヤト」として、それらの記録を残し、なお仏仙界に対する働きかけを続けるうち、明治四十一年、一千四百年を経て地上へ遣《つか》わされたのである。

門田博治はその「シラベ」一丁音なれば（解説は秘す）【注八】、どうしても自修研讃《じしゅうけんさん》して真に世に無きものを初めて創《つく》り出す働きにおいてミタマノフユ（恩寵《おんちょう》）を受けるのである。花井陽三郎はその働きを受けて、これを段階的に漸進《ぜんしん》せしめる働きにおいてミタマノフユを受けるのである。

この二人を再び相合《あいあわ》しめ給うたのは、畏《かしこ》くも住江大神であらせられ、その秘蔵《ひぞう》の龍神を「イツ」として、守護神として降し給うた深き思召しは、並一様《なみいちよう》の志《こころざし》ではないのである。

今や正一位黒金龍神《くろがねりゅうじん》、正一位白銀龍神《しろがねりゅうじん》の働き給う「場《ば》」を与えられたのであって、もしこのことが大御心に添うことができなければ、正一位の両龍神は、その官《かん》を「降等《こうとう》」され、再び大神のみもとに帰ることを許されない勅命《ちょくめい》を受けておられるのである。汝ら二人、このことを心に深く銘記《めいき》しておいてもらいたい。【注九】

【注五】経津之国志命は京都石清水八幡宮《いわしみずはちまんぐう》の御祭神の一柱にして大国主命の皇子なり。

別の日付のご神示には、別の名は八幡若宮とある。（編者注）

【注六】「有名なるバンサイ禅師」とは断際《だんさい》禅師のことか。黄檗《おうばく》希運《けうん》禅師（八五六年頃没、福建省出身）の諡《し》号《ごう》である。臨済宗の開祖・臨済義玄禅師の師である。著書に「黄檗希運禅師傳心法要」（岩波文庫）がある。（編者注）

【注七】霊界の位階は大明神、明神、真澄飛禅天、飛禅天、大寿真、中寿真、小寿真の順なり。

【注八】一丁音の音味不明（編者注）

【注九】この日から後の昭和三十四年の記録はない。したがって、このご神示の中に〇〇〇〇、××××があるが、元に戻すことはできなかった。（編者注）

あとがき

聖書《せいしょ》に「太初《はじめ》にコトバあり。コトバは神なりき。」とありますが、神示によって地上初めて解明《かいめい》されたのが、「十言《とこと》の神呪《かじり》」即ち「アマテラスオホミカミ」の十《とう》の言霊《ことだま》であります。

念仏三昧《ねんぶつざんまい》に徹《てつ》すれば、無知な農民の仏性《ぶつしょう》が開発され、妙好人《みょうこうにん》となりましたが、本書を読まれて、有声無声にかかわらす「十言の神呪」を奉唱されれば、忽然《こつぜん》として神性《しんせい》が開顕《かいけん》し、安心立命、大悟徹底の生活に入ることができるのであります。「十言の神呪」は宇宙創造の言霊のひびきであり、大神呪《だいじんじゅ》であります。

あなたは三次元を認識する五官《ごかん》の世界を去《さ》って、高次元の世界に超入《ちょうにゅう》して神人となり、最もふさわしい守護霊、守護神の御指導により「世の光」となるのです。けれども「ア」の言霊《ことだま》一つ悟るために、あなたは顕字《あじ》神呪を朗唱し、顕字観法を実修して、天照大御神と融合《ゆうごう》しなければなりませんし、「マ」の言霊を理解するために、誠字の神呪を朗唱し、誠字観法を実修して、住江大神と合体《がったい》しなければなりません。

私は長年篋底《きょうてい》に秘めていた神示録《しんじろく》を初めて公表《こうひょう》する運《はこ》びとなりましたことを、神々に合掌感謝せずにおられません。私は昭和十年四月二十二日以来、神の大御心のまにまに、神催《かみもよお》しに催《もよお》され、神流《かみなが》れに流《なが》されているのであります。

地上では僅《わず》か一年で悟れる教えも、唯物主義者《ゆいぶつしゅぎしゃ》や無神論者《むしんろんじゃ》や自殺者達《じさつしゃ》は、死後暗い幽界《ゆうかい》に転落して苦悶《くもん》し、数十年たっても悟れず、救われないことが多いのであります。あなた方は日常生活《にちじょうせいかつ》にいそしむかたわら、良書《りょうしょ》を読み、善き師《し》を求めて悟道《ごどう》に専念《せんねん》すべきであります。世界は今や霊的文化時代に突入《とつにゅう》し、万人《まんにん》が神人《しんじん》として活躍する神機《しんき》が醸成《じょうせい》されつつあります。第二の天の岩戸を開く力は、既にあなたに与えられております。一刻《いっこく》も早く大悟徹底《たいごてってい》して、地上にユートピアを建設しようではありませんか。

なお、第二巻は続いて書く予定ですが、その前に是非《ぜひ》とも参考書として、「真理《しんり》の宝庫《ほうこ》を開《ひら》く鍵《かぎ》」(『法絲帖』)と「神呪奉唱《かじりほうしょう》のしおり」をお読《よ》み頂《いただ》きたいと存じます。

【付録一】トキツハナノヰ明神と金木車

トキツハナノヰ明神

ところがね、私はそれを完成はしていないんですけれど、その陰陽《いんよう》五行《ごぎょう》の元になるような思想があったんですよ、日本には。それが金木《かなぎ》です。金木なんです。大祓詞《おおはらいのことば》の中にある「天津金木《あまつかなき》を本打《もとう》ち切《き》り末打《すえう》ち断《た》ちて」、あの金木なんです。その金木のあるものを私は霊的に覗《のぞ》いてきて、その法則だけは習った。習いに行ったのは昭和二十九年の三月一日午前零時《ごぜんれいじ》、真夜中《まよなか》です。そこへ行けという命令《めいれい》が下ったのは二月の一日なんです。一月前です。それで「三月の一日の午前零時までに、山口県の周防富士《すおうふじ》という山へ登れ。そこで儂《わし》が待っておる」と、神様がそうおっしゃる。その代わりの条件としてね、岩国《いわくに》の海岸で禊《みそぎ》をとって、夜中までに来いと。そしたら、周防富士というのが分からんでしょう。それで神様へお伺《うかが》いを立てたところ、「行きゃあ分かる。聞かんでも行きゃあ分かる」。行きゃあ分かるでもねえ、こっちゃあねえ、何んも分からんでしょう。それからいろいろいろいろ調べた結果、それが本名は周防石城《すおういわき》という山であって、岩国《いわくに》から乗り換えて、今の田布施《たぶせ》という所で降りて、それからずうっと北へ入った所であるということが分かったわけです。ところがねえ、周防石城山が何故有名かというと富士山の格好《かっこう》をしている。それから大蛇《だいじゃ》が生息《せいそく》しておるので有名であると百科事典に書いてある。

私は、今度も大蛇にお目にかかるという予感《よかん》はしておったんです。その年の正月の三日の朝、六甲山で、花井先生と二人だったんですけれど、これくらいの太さの三間《さんげん》近い真っ黒い大蛇に、こう一時間もくるくる取り巻かれて、こうやってくっついちゃって、もう本当にどっちにも行けない。ご神殿《しんでん》の中ですよ。バリバリバリバリと、畳の上ですけどね、じっとしてくれればこんな音は聞こえない。こういう音です。ザザザーッと、前も後ろも。頭《あたま》と尻尾《しっぽ》が重なったんですから大きさが分かるでしょう。初めは遠くをこう、段々だんだん近くなって、二重にも三重にもなって、二人で寄ってとうとうくっついてしまった。まあ度肝《どぎも》を抜《ぬ》かれました。この時は花井さんと二人だからまだ心強かったけど、また今度もそういうことあるんじゃないかと思っていましたが、今度は一人で、しかも真夜中でしょう。行ったことのない山でしょう。しかも、三月一日いったらまだ寒いでしょう。大儀《たいぎ》だなあと大分《だいぶ》思っておったんですが、金木を教えるとおっしゃるので、ようやく覚悟《かくご》を決めて、それで行ったんです。行くたって大変ですからね、旅費《りよひ》も何もありゃあせんのだから。とにかく、二十六日に出発したんですが、行きがけに岡山へ、家族が居《お》ったもんですから岡山へ連れて行った。二十六日の朝出るということになっているのに、二十五日の晩にまだお金が集まってなかったんです。旅費も、二十六日の朝ぎりぎりに渥美《あつみ》君が、二万円できましたって持って来てくれて、切符を買って行ったんです。

それで二月の二十八日の朝、岡山を出まして、それから、麻里布《まりふ》のあの帝国人絹《ていこくじんけん》のすぐ側の海で、丁寧に禊を執って、それから田布施《たぶせ》の駅を降りたのが午後二時ごろだったんです。それから時間を潰しましてね、山へぼちぼち登って行きかけたのが十時ちょっと過ぎぐらいですね。ものすごい土砂降《どしゃぶ》り、土砂降りなんです。禊も土砂降りの中でやったんです。すごい雨でね。明くる日の山を降りる時もまだ降っていたんですからね。それで一人で、熊笹《くまざさ》がいっぱい生えている細い道上って行くんですが、何とさっきからお迎え。熊笹が生えているものだから、がさがさがさっていうでしょう、ほっとこうやって懐中電灯《かいちゅうでんとう》で見たらねえ、太いやつが両側ともです。登るに従って、私は武者震《むしゃぶる》いしました。

それで私がちょうど十一時半ごろに頂上に着いてね。一番頂上に笠松《かさまつ》という、こう笠のような格好《かっこう》をした相当広い松があって、その笠松の下へやなんか雨がこんなに降っていました。そりゃあそれだって待つだけでねえ。コウモリ傘《がさ》を持って、蓑《みの》を着てじっとしておりましたが、真っ暗でしょう。あの土砂降りの雨ですから。こうやってますとね、もうその大蛇《だいじゃ》の腹が見えるんですねえ。数を勘定《かんじょう》したら二十五匹。長さは一番短いので一間、長いので二間。一間くらいいったってねえ、一升瓶《いっしょうびん》くらいの太さがありますからね。二十五匹、それが二重になってね、ひと組がこう地を回っておる。ぐるぐる。じっとしていない。ひと組がこっちになって、こう蛇《へび》がこう……。それで十二時から行に入ったんです。済んだのが朝方《あさがた》の六時半、ちょっと夜《よ》が明《あ》けるころ、明けるのが遅かったものですから六時半くらいだったんですね。その時に、トキツハナノヰ明神が姿《すがた》を出されてですね、本当に手に取るように教えてくれた。それが金木《かなぎ》なんです。

金木車

いまだ世間の誰にも発表していない。私が金木車を持っておるということだけは、薄《うす》ぼんやりと世間に通じている。その金木車を作ってねえ、それを全部出したんですが、そうするとそうですねえ、畳三畳《さんじょう》敷《じ》きくらいになったかね。それへ細《こま》かい数字が一杯書きこんであるんです。そいつを、こう巻いてねえ、それを襖《ふすま》へ掛《か》けとったんですが、とてもじゃないがもう持ちきれん。あれどうなった。焼いちゃった。捨てちゃった。勿体《もったい》ないことしたと思われるかもしれませんが、何んでもないんです。そんなものいつでも作れる。法則が、私の頭の中へ全部入っているんですから。時間さえかけりゃあ、あんだけのものを書こうと思ったら、一人でやればひと月かかりますけどね。ですが、その使い方がまだ分からないんです。恐ろしいもんであることは分かりました。もう実に不思議な数字であるということは分かりました。それがいろんなものに、十二支《じゅうにし》なんかにも当てはまりますね。まあそういうものはもう少し日にちが経ってから、十《と》言神呪《ことのかじり》が完成すれば、ひとつのものだと分かると思います。

その他神道で、隠れてしまって未《いま》だに浮き上がってこないものが沢山あります。でそれに対して、経説《きょうせつ》をなす人も沢山あります。そういうものも徐々に致しますけれども、その一番肝心《かんじん》の骨組みになっておるものが十言神呪なんです。十言の神呪を本当に理解して頂いて、腹の中へどかっとおさめてもらいますと、どんなものでも一応の結論がそれから導き出せるんです。活用さえできるようになれば。これは多分、発明にも、数学にも、商売にも、何んにでも使えると思うんです。まだそこまで私、拡げておりませんが、その骨組を、哲学的にガッチリと掴んでもらいたい。

左右田武夫さん

（その周防富士でね、行《ぎょう》をされたのはどういう行をなさったんですか。）ああ、松本（紘斉）さんそれはねえ、行というよりは、神様に言われた通りに会いに行っただけなんです。そうすると神様が出てこられて、姿を現わされて、そして書き物まで見せて私に教えてくださった。その書き物、そんならこっちに貰えるかというと、貰ったってそれはもう雲の上なんです。向こうから見せてくれるんです。

それを懇切《こんせつ》に指導されたのはトキツハナノヰ明神という方なんです。私は、その時にはまだ、トキツハナノヰ明神が横浜の左右田武夫さんであるということを知らなかった。不思議なことにねえ、中村（隆男）さんはトキツハナノヰ明神のご両親に会っているんです。二度くらい。（はあ、そうですか）。お父さん亡くなりましたけれどね、お母さん現在でも横浜に元気にしていらっしゃいます。トキツハナノヰ明神が横浜の左右田さんであるというのを知ったのは、その年ですけれども、二十九年ですけれどもね。初めて（左右田氏の）お宅へ手紙を出した、二十九年の十二月です。それまでは知らなかった。

【付録二】守護神との対面

その二十日の日に広沢《ひろさわ》の鈴木さんというお宅で私の話の会があった。一月二十日の晩《ばん》にやったわけです。それで、青年《せいねん》たち、二十代から三十代の前半の連中《れんちゅう》が、二十人ほど私に付いておったわけですが、私がどこそこへ話しに行くというと、その二十人全部《ぜんぶ》が付いてくるわけです。いつもはねえ、そこの広沢町の人は五人しか集まらないんです。ところがその二十日の日はね、広沢町の人は三、四十人の人が集まっておりまして、で、私の門人《もんじん》も二十人ほど例によって行ったわけです。その中でねえ、川島の和夫君というのが、先に私の所に来ましたんで、私たちと一緒に行くのかと思ったら、中川さんを誘って行きますといってね、中川卓也君というのが高松の秋葉山《あきはさん》の前に住んでおりまして、そこへ行ったんです。二人大変仲《なか》がいいんです。いつでも私が説教《せっきょう》する時は、一番前に座る。ここへ座るのが、川島君と中川君なんです。で、迎えに行ったわけです。迎えに行ったところがねえ、中川君がずーっと「大字観《おじかん》」をやっておるんです。で、このくらいの所に棚がございまして、そこへ神棚《かみだな》を作って、そうねえ、これちょっと高いかな、これくらいの棚を作りまして、そこへ、神様をお祭りして、この前で一心不乱《いっしんふらん》にこうやって大字観をやっておった。大字観をやっておるのが分かったもんだから、声をかけずに、川島君も側へ行って、近づいて行って、中川君の横へ座って自分も大字観を始めた。

そうしてものの二分も経《た》たんうちに、屋根《やね》でズ・ズ・ズ・ズー、ズ・ズ・ズ・ズーという音がしだした。何だろうと思った。そうしたらねえ、お坊《ぼっ》ちゃんとお嬢《じょう》さんと、まだ小学校へ行くばかりの子供がいたんです。それから奥さんと三人おったんです。あんまりの物音《ものおと》にびっくり仰天《ぎょうてん》して、「お父ちゃんあれ何」ちゅうて、向こうの炊事場《すいじば》の方から、茶の間の方からですね、座敷のご神殿の前へ、三人とも「お父ちゃん何、怖い、こわい」というて。そうしたところがねえ、ローソクを二つ立ててあるんですが、そのローソクからねえ、パ・パ・パ・パ・パ……と火が下がって、龍《りゅう》の格好《かっこう》をして、まったくの龍、金《きん》の龍と、真《ま》っ白《しろ》の龍と、交互《こうご》にこのねえ、金の龍が出てきたと思ったら、今度は白の龍、そうして、中川君と川島君とがねえ、こうして合掌《がっしょう》しているここをさーっと。で、こんだけのローソクがもうこんだけになっていた。ところが、それから、そのローソクが無くなってしまった。無くなってしまったのにローソクの火が消えないで、同じようにパッパ・パッパ、パッパ・パッパ、パッパ・パッパ、子供たちがそこへ行って「怖《こわ》い、こわい、お父ちゃん怖い」。「怖かないんだ、怖かないんだ……、有《あ》り難《がた》いことなんだ、拝《おが》んどけ、拝んどけ」と言ってね。中川君は子供たちを押《お》さえてですねえ、その龍神《りゅうじん》の火の消えるのを待った。二時間かかった。それで、消えたもんだから、拍手《かしわで》をしてね、御礼を申し上げて、それで会合へ遅れたというんです。慌ててだーっと来たら、もう十時前だった。で、私は話を終わってですね、結論を出して終わろうとしておった。「本日は、これで会合《かいごう》を終了いたします」と、私が言いますと、そこへ二人が入って来た。「先生、ちょっと待ってください。私たちは今、大変な体験《たいけん》をしてきました。どうかみなさんに発表させてください。」で、私の話がすんでから、二人がこもごも今いったような話をいたしました。彼らは明らかにね、龍神さんにちゃーんと会っているんです。中川君にはキノネ龍神、川島君にはシラネ龍神という黄金《こがね》と白銀《しろがね》の両方《りょうほう》の龍神さんが付いている。その前の十二月の時に、キノネ龍神、シラネ龍神とやられているんです。あんなのは先生でたらめのことを言って、と思ってた連中は全然《ぜんぜん》そんな目《め》に逢《あ》わない。それだから、後《あと》で励《はげ》む者がでてきましたね。

大字観というのは、そういう功徳《くどく》をもっている。しかしながら、とにかく、我われがねえ、完全にあるためには、どうしてもねえ、自分が恩顧《おんこ》を受けた者、自分を支えてくれている者に対して一遍、総当《そうあ》たりに御礼《おんれい》を言わなければなりません。総当たりに。その御礼を言うようにできている観法《かんぽう》が大字観法なんです。

（「玻婁彌人会《はるみとえ》」昭和五十六年十一月）

【付録三】十言神呪の組立て

十言神呪の組立て

あと残り十五分くらいしかテープが残っていませんから、これまた不完全《ふかんぜん》になりましょうけれども、一応これで終わると致しまして、この十《とう》の神呪《かじり》がどういうふうに組立てられておるのか、この前に書いて頂きました十言神呪の組立表ですね、これを見ながらご説明をしましょう。

今申し上げましたように十の神呪を個別に説明しますというと、一つひとつが大変尊《とうと》い教えであるという感じをお受けになろうと思いますが、各々独立《おのおのどくりつ》して、まとまりがどうなっているか分からない。そこでこの表をご覧になれば一番よく分かります。ここで、神とは、この図の中で一体神《いったい》とは、簡単に説明致します。一番上に「ス」がありますねえ、「ス」字の神呪《かじり》。二番目に三つあります。「マ」字の神呪、「カ」字の神呪、「ミィ」字の神呪があります。その下の段に「ホ」字の神呪、「ア」字の神呪、「ミ」字の神呪が書いてあります。いちばん下の段に「テ」字の神呪、「オ」字の神呪、「ラ」字の神呪とあります。その外《そと》を丸《まる》く囲んでありますのは、本当は丸く囲んじゃいけないんです。無限という線で囲んでみたわけです。無限《むげん》という線で。だから、無限と書いてある、これは限定《げんてい》されていないんです。内と外と一緒なんです。無限という線で囲むと、無限なる線は、これはまん丸です。その無限という線でまん丸く囲まれたこの中に、十の小さい丸があります。その大きな丸の中に入っている十の丸とが全部含まれたものが、神《かみ》なんです。いいですか。どれが神というんじゃない。神とはこの全部が含まれたものが神なんです。

これは三段に分かれておりまして、一番中心の線《せん》がス・カ・ア・オと下がっております。中心の線は、これは本当は下がっているんじゃないんです。「オ」が段々上《だんだんうえ》にあがっているんです。この中心は何処《どこ》にあるかというと「オ」なんです。この中の中心は「オ」です。「オ」というのは我《われ》ということ、人間ということです。自分がここに居り、ここから見るんです。自分からこの現象《げんしょう》の世界を

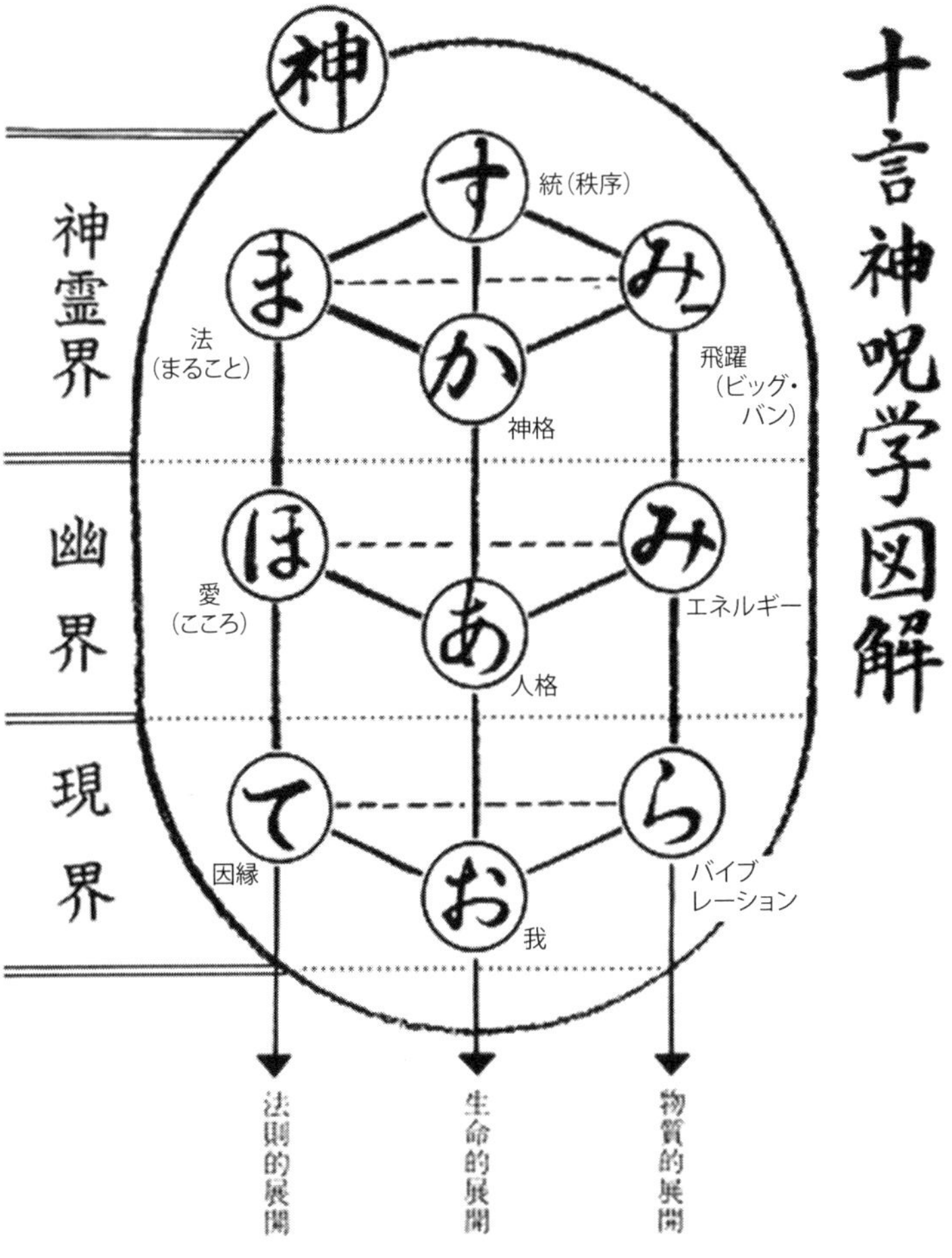
十言神呪学図解
神
す
統（秩序）
ま
み
か
法
（まること）
飛躍
（ビッグ・
バン）
神格
神霊界
幽界
現界
ほ
み
あ
愛
（こころ）
エネルギー
人格
て
ら
お
因縁
バイブ
レーション
我
法則的展開
生命的展開
物質的展開

十言神呪学図解

見るのは、一番下の段になります。我という得体の知れないものとして、ここにありますけれども、はっきりと現象の世界にあるのは、物質の世界の「ラ」です。我と物質とだけがあるんじゃなく、我と物質との間に相関関係《そうかんかんけい》がある。因縁《いんねん》がある。因縁というのは相関関係という意味です。因縁とは相関関係です。それが「テ」です。この世の中にあるのは、この現象界にある物は総括して三つの言葉で表しますと、「我」と「物質」と「その相関関係」との三つしかないんです。

その上の段に三つあります。我が今度は上の段に行きますと、「ア」字の神呪、これは人格《じんかく》を象徴《しょうちょう》している。人格を象徴しているということは、人格とは大変に言葉が面倒《めんどう》なんです。哲学《てつがく》の言葉ですが、常識上の人格じゃない、哲学上の人格というものを書いてある。説明する時間がないから、常識《じょうしき》で話をしましょう。いろいろの生き物がある中で、人間だけが少し違《ちが》っていますね。他の動物や植物と違うところのものが人間にある。その違うところのものが人格なんです。即ち、人間をして人間たらしめておるところのものを人格《じんかく》という。これは姿《すがた》がない。ところがその人格というのは、心の姿として我われは見ることができるわけですね。だから、この二段目にある。心象《しんしょう》の世界にあるわけ。

その心象の世界にあるものは、心というものは、じっとしているかというとじっとしていない。お不動《ふどう》さんは、不動というんだから、じっとしているかというとそうでもない。心というものが、このあらゆる物質・我・法則を動かしておる元なんです。そうでしょう。これが「ミ」です。三字《みじ》の神呪。だからこれをエネルギーと称している。日本語でいうと精力《せいりょく》ということになる。日本語に直しますと、精力といったんじゃ別の意味があるから、誤解されやすいので元の言葉で、エネルギーといっている。その人格とエネルギーと、もう一つ「ホ」愛《あい》という。この愛の中にはいろいろな愛があります。いい愛もあれば、悪い愛もありますね。良き愛は無我愛《むがあい》といって、これは神の愛、普通の愛というのは囚《とら》われなんだから、執着の愛。この無我愛が「ホ」の愛なんです。

つまり、心といってもいいもの、即ち、人間だけが他の動物と違うところのものを持っている、それを人格という。それが「ア」です。それが我にある。ところが我の中に、「ホ」もあれば「ミ」もある。我の中にエネルギーがあり、無我愛がある。愛執《あいしゅう》・愛着《あいちゃく》の愛もあるが、それは「オ」の中にある。「ア」はこれと対立しております。人格は「ホ」にも、「ミ」にも関係しています。

そうしてその「ア」は何処から来たか、というのを調べるために上にあがってみると、それは「カ」から来ている。これを私はね、私の新造語《しんぞうご》なんですが、「神格《しんかく》」と書いてあります。神格といったら人は笑うかも知れないけれど、私はもう神格という以外にどうしても説明がつかない。新しい言葉を作ったんです。〝神を神たらしめているその根源《こんげん》のもの〟を神格といっている。神様だからそうだというところのものが神格です。これは神霊の世界にあるんです。その神格と同じ中に「ミィ」と「マ」がある。「マ」は知恵《ちえ》、法則《ほうそく》です。知恵の極端《きょくたん》が法則ですからね。知恵というものは何をしているかというと、法則を知るわけです。法則を知らないものは知恵じゃない。知恵の相手方《あいてがた》が法則です。神霊《しんれい》の世界には、神格《しんかく》「カ」と生成発展《せいせいはってん》「ミィ」、法則「マ」がある。これで神霊界が全部解けます。この「ミイ」を何故《なにゆえ》、「発展」（晩年《ばんねん》にこれを「飛躍《ひやく》」ビッグ・バンとした）と書いたか。本当は、これは生成化育《せいせいかいく》ということです。今の〝生《な》り成《な》り続《つづ》く〟ということです。この神霊界は「神格」があって、法則と法則をキャッチするところの、法則を主体としての知恵「法則」があって、そして「生成発展」して産《う》み出していくところの力、生成化育の力がある――この産《う》み出していくところの力、産み出すところの元の力を「産《むす》び」ともいいます。

それが何処から来ているかというと、中心の統一者《とういつしゃ》「ス」から来ている。この「ス」というのが統一者であり、中心であり、尊厳《そんげん》であり、神界でありと思うところのものです。

この「ス」から降りて来る三本《さんぼん》の線を説明しますと、ス・カ・ア・オと下がる線、これは統一者、中心者が人間に至る道であり「生命的発展《せいめいてきはってん》」といっている。「生命的展開」ともいっている。そして、ス・ミイ・ミ・ラと降《お》りて来るところの線を、これによってこの世の中が創造《そうぞう》されていく、神の創造が行われていく、だからこれを「創造的（物質的）展開」。左側のス・マ・ホ・テと下がっていくところの線、これを「法則的《ほうそくてき》展開」といいます。これは法則に左右されておる。一番上のマは宇宙《うちゅう》の法則《ほうそく》であり、神の法則である。ホは心の法則である、テは物質《ぶっしつ》の法則である。で、マ・ホ・テと下がっていく。

この神を説明するのに、創造的（物質的）展開としての神と、生命的展開としての神と、法則的展開《ほうそくてきてんかい》として神とが、三つに分けて説明してある、解いてある。解いたら神は死ぬんですから、解《と》かない前《まえ》のが神《かみ》です。解いたら途端《とたん》に神でなくなってしまう。そういうところがよく分かってもらわないと困《こま》る。
水《みず》があるでしょう。水というのは、酸素《さんそ》と水素《すいそ》から成り立っている。水を酸素と水素に分けることができる。それでは水でなくなる。水でなくなる。喉《のど》が渇《かわ》いたから、どうせ同じだから酸素を飲んで、その次に水素を飲んだとしても何にもならない。渇きは止まらない。水じゃないから。だからこうして解いたら、そこには神はなくなる。その解く前に神があるんです。そこが悟《さと》りなんですからね。そんなら、解く必要はないじゃないかというと、その水は水のままおいておけばいいじゃないかというと、酸素も水素も使えない。酸素や水素も要《い》ることがある。だから、神は解かにゃあならん。解いたら神はなくなる。解く前が神なんです。

だから私が、こうしてずーっと無限という丸《まる》をつけて、この中に入っているすべてが、それが神だよといっている。一番最初にいったそのことなんです。分けてしまったら神じゃない。神を解いたものであるけれども、神じゃない。酸素と水素を分解したものであるけれども、水じゃないと同じです。その解く前の大きい、熟読玩味《じゅくどくがんみ》して解く前の神のいちばん深いところの奥底で慮《おもんぱか》ってみてください。それを慮かる方法がこの〝十《とう》の観法《かんぽう》〟をやることなんです。この観法が成就しますというと、この無限なる線の中に、どんなに分けても、分けても、分けられないところの統一した神というものを、非常に自分とが直《じか》に繋《つな》がるものだということが分かる。直《じか》につながっていることが分かる。神様がどこにおる、ここにおるといえるという状態《じょうたい》が生まれてくるんです、この十の観法によって。

そこでもう一つ最後に申しておきますのは、我々が、「オ」から「ス」に至るまでには、一体どういう道があるかということですね。これを神様は私に、三統義《さんとうぎ》としてお示しになった。三統義という、意味が分かりませんねえ。三つの統《すべ》る義《ぎ》と書く。これは統《とう》ですからね。「ス」は統《す》ですから。我からこう「ス」に行くのにこの三つの道があるということをお解きになったんで、三統義とおっしゃるんだろうと思います。私これは〝ミスマル〟としようと思ってるんです。自分の独断になりますけども。十に丸という字をかくと怒る人が出てくるかもしれませんねえ。三統は〝みす〟と読んでもいいですね。

でねえ、我々人間が神様に達するためには、神様を知るためには、信仰《しんこう》すれば一番いいですよ。本当の信仰というのは、この三つのものが欠けておったんではいけない。この三つの中の、一番最初の霊《れい》、〝みたま〟、二番目は祭《さい》、〝まつり〟、三番目は道《どう》、〝みち〟なんです。この霊祭道《れいさいどう》の三つの道によって、人間は神に達することができる。別の言葉でいうと、神様にお目にかかることができる。〝霊的〟にね。心霊的に、心の霊ですよ。心霊的《しんれいてき》に、神様にお目にかかろうと努力する人があります。そういう信仰があるでしょう。それから、神社のように祭りをやって神様に届こうとする者があるでしょう。それから、また、キリストだとかあるいは、釈迦《しゃか》だとかいう人は、道《みち》によって届こうとした。孔子《こうし》にしても、老子にしてもそう。この〝霊《れい》の道〟と、〝祭《さい》の道〟と、〝道《どう》の道〟ですね。この三つの道が過不及《かふきゅう》なく整っているものが本当の信仰であるというので、〝三統義《さんとうぎ》〟というものを授《さず》かったのです。

ここで、ひとつ宿題を出しておきましょう。この表の一番右側に祭《さい》と書いてありますね。ここに真ん中に霊《れい》と書いて、左側に道《どう》と書いてあるねえ。これが何故道で、これが何故霊で、これが何故祭であるかということを、いっぺん考えて見てください。この霊祭道というのを、いま簡単に言いましたから。もうちょっと説明しないと本当はいけないんでしょうけれども。まあ今回の解説は、一応これで止めましてね。これから出てくるところの百千の疑問《ぎもん》に対しては、また別にお答え致します。で、あとは、観法によって、この奥義《おうぎ》に達して頂きたいということを希望します。終わります。

ここで一度十言神呪を朗誦《ろうしょう》致します。

（昭和四十五年）

解説〈改訂版〉

石黒　豊信

「十言神呪《とことのかじり》」は昭和二十八年八月下旬より、翌年一月上旬までの五ケ月ほどの間に授けられました。その二十八年より数えて本年（平成二十五年）は六十周年の節目の年を迎えます。ここに本書は十言神呪開示六十年の記念として三統《さんとう》義《ぎ》塾《じゅく》真澄洞《しんちょうどう》が出版するものです。

本書は、啓示により開かれた十言神呪というあまり聞きなれない宗教哲学です――これを真澄《ますみ》哲学《てつがく》と称しています。同時に、霊的現象、霊界の構造、人間の霊的構造、人間の霊性向上などそれぞれを伝える霊学の書として貴重なものと考えます。順を追いながら、簡単な解説を加えます。

なお、十言神呪の表記について。本書の記述部分では、「十言の神呪」と「の」を入れた形で記し、観法の記述部分では十言神呪と記しました。花井も両方を使っていますが、特に使い分けてはいません。慣れれば、神名と同じく十言神呪が簡潔かと思いますが、どちらの方法でも間違いではありません。

（一）前書きにも記したように、本書はもと門田博治とともに行をされた花井陽三郎が『光る国神霊物語――大悟徹底の手引書』として出版したものです。これに花井の下書き原稿――御神示はほぼ入っております――にもとづき手を加えたものです。〇〇の伏字や、(中略)、(以下略)があり、気になるところです。これらを元に戻せないものか検討しましたが、個人への指導、御印の開示、秘め事などがあり、六十年を経ながらもやはり公開することにためらいがあります。それでも、可能な限り原稿にもとづき付け加えました。

天照大御神の御印《ごいん》(右手親指と人差し指を左手の親指と人差し指の間に入れ、左右の手を組み、人差し指を立てて左右の指を合わす)は書籍などに掲載されています。ここには、大国主命の御印の説明はそのまま掲載しました。出雲の神様への信仰のあかしとして、国民には是非知って欲しいことです。また、本書の意義のあるところと思います。昭和二十八年に続き本年は伊勢神宮と出雲大社のご遷宮の年にあたります。

(二) 十言神呪の系譜について述べます。

皇大神宮主典 山口《やまぐち》起業《きぎょう》大人《うし》は明治七年刊行の『神典採要通解』において次のように記述しております。手にする機会が少ないと思いますので、少し長いですが引用します。

天照《あまてらす》は高天原《たかまのはら》に神留《かむずま》り坐《まし》て、天地四方神人事物《てんちしほうしんじんじぶつ》を主宰《しゆさい》し、照臨《しようりん》の神徳至《しんとくいた》らざる無《な》きの義《ぎ》なり。皇大神《すめおほかみ》は統大神《すべおほかみ》の義《ぎ》なり。宇宙《うちゆう》を統《すべ》て萬神《ばんしん》の徳《とく》を合《あわ》せたまふの意《い》に由《よ》る。此大神《このおほかみ》の神徳《しんとく》を仰《あお》ぎ敬恭粛拝《けいきようしゆくはい》するに、必《かなら》ず此大御名《このおほみな》を称《とな》ふべし。若過《もしあやまち》て諸《もろもろ》の悪念《あくねん》を萌《きざ》さば此大御名《このおほみな》

を称《とな》ふべし。若諸《もしもろもろ》の善念《ぜんねん》を発《はつ》せば此大御名《このおほみな》を称《とな》ふべし。若諸《もしもろもろ》の幸福《こうふく》を得《え》ば此大御名《このおほみな》を称《とな》ふべし。若諸《もしもろもろ》の災厄《さいやく》を蒙《かかふ》るときは此大御名《このおほみな》を称《とな》ふべし。能《よ》く此《かく》の如《ごと》く心《こころ》に誠《まこと》に此大御名《このおほみな》を称《とな》ふるときは、悪念《あくねん》は忽《たちま》ち消《しょう》して善志《ぜんし》に移《うつ》り、善念《ぜんねん》は愈張《いよいよはり》て行《おこない》を遂《と》げ、幸福《こうふく》は益大《ますますおほい》にして子孫《しそん》に伝《つた》へ、災厄《さいやく》は変改《へんかい》して福祥《ふくしょう》となり、終身服膺《しゅうしんふくよう》して此《かく》の如《ごと》くなれば、命終《めいじゅう》の後必《のちかなら》ず高天原《たかまのはら》に帰《き》して、無量《むりょう》の福祉《ふくし》を受《う》け、その徳《とく》九族《きゅうぞく》に延《ひき》て共《とも》に娯楽《ごらく》を蒙《かかふ》ること更《さら》に疑《うたが》ひなき所《ところ》なり。

（平成二年、山雅房出版、一五〇～一五二頁）

このように、天照大御神の御神名を称《とな》えることを勧めています。

さらに一歩を進め、称えることを行法《ぎょうほう》としたのが「天行居《てんこうきょ》」の友清歓真《ともきよよしざね》先生です。十言神呪は友清先生の造語と思われますが、江湖《こうこ》に広められた。神道天行居発行パンフレット『十言の神呪』（五～六頁）から引用します。客の質問に答える形で記されています。なお、山口起業大人の右に引用した文はこのパンフレットの巻頭に読みやすくして引用されています。

客「十言神呪と申しますのは、何《ど》ういうわけのものですか」

対「アマテラスオホミカミで十言《とこと》であります。この十言の御神名《ごしんめい》を幾百千萬回《いくひゃくせんまんかい》と連続して修誦《しゅうしょう》することでただそれきりのことであります。実はこの十言は御神名であって同時に奇霊極《くしびきわ》まる神呪《かじり》なので余りにも平易《へいい》なことでありますから、信《しん》うすきものが軽々しく思ひなして冥罰《めいばつ》を蒙《かかふ》らんことを懼《おそ》れ、年久しく雲霧《うんむ》に遮蔽《しやへい》されて居たのを、幸ひにこれを秘《ひ》しかくして居たのでありますが、去る昭和三年始めて神道天行居道場に於《おい》て篤信《とくしん》の同志に伝《つた》えたのがその始《はじ》めであります」

次は、「生長の家」の谷口雅春《たにぐちまさはる》先生です。昭和十一年、顕字神呪が授かりました。私は十分に繙《ひもと》いていませんので、はっきりしたことは申せませんが、谷口先生が十言神呪という言葉を使っておられたのかどうかは分かりません。しかし、本書の御神示から見れば生長の家は間違いなく十言神呪であり、第一の顕字神呪からできています。その意味で十言神呪の系譜としました。

もちろんですが、生長の家は、顕字神呪だけでなく、多くの御神示からなっています。谷口先生の『生命の実相』は大部の宗教哲学であり、その外に多くの著作があります。本書に登場する正一位の明神は生長の家時代の門田と花井の友人・弟子であり、その教えの優れていることが分かります。同様に、天行居の友清先生も多くの宗教哲学を著し『友清歓真全集』が出版されております。

それから十七、八年後の昭和二十八年、門田に十の神歌からなる十言神呪が授かりました。啓示を授かった門田が修行に入る前の出発点は生長の家です。門田が講師として釜山行きの港で『十言の神呪』のパンフレットを見つけ、後日友清先生に面会に行かれた時にはすでにお亡くなりでした。

門田は生長の家を離れ、十言神呪を授かるが、その哲学に対してみずから筆を執ることはなかった。

山口起業、友清歓真、谷口雅春、そして門田博治と流れる間に、十言神呪の内容が変化していることを確認することは重要でありましょう。山口は、天照大御神の御神名を称えることは、心を清浄にし、善念を進め幸福を大にすると。友清は、称えることを行法とした。谷口の行法は、顕字神呪の一つの神歌からなる。門田は、アマテラスオホミカミのそれぞれから始まる十の神歌であるとして、十言神呪を体系化した。

（三）さて本書に戻ります。御神示《ごしんじ》は十言神呪の開示から始まり、六甲山での最後の行まで詳細に述べられております。それ以後の事柄については、神界・霊界の構造、人間の霊的構造などについて「霊示」として記し、少し年月の経過した後日の記録を加え霊学の書として内容を整えています。霊学の書として本書は稀有なものであると考えます。さらに踏み込めば、京都清水寺《きよみずでら》の縁起を伝えるものでもあります。

本書では、門田が花井を突然に尋ねる経過を述べるところから始まり、神々からの啓示、それを補うための今は亡き道友としての二人の親友、江藤輝《えとうあきら》氏、馬杉一雄《ますぎかずお》中佐が正一位のアキヒイラギ明神、タケシツカサ明神として手助けしてくださる、しかも日数を限って助けてくれます。そして、啓示の完成とともに二人の友人も別の役目を果たすために別れます。代わって別の明神が出現、亡き道友の左右田武夫《そうだたけお》氏、正一位トキハナノヰ明神です。それらの明神からは懇切な人間の霊的構造、神界・霊界の構造について語られます。(三明神のことについては後の解説(六)を参照)

花井は「あとがき」に第二巻の出版を考えていた様子です。この第二巻は、十言神呪の組立、十言神呪に続く御神示ではなかったかと想像します。それは六甲山《ろっこうさん》での行から、組立に対する内容のところを避け、「明神との訣別」に至っているからです。

(四) 本書の十言神呪の内容の真偽は、ひとえに本書中に述べられている他の啓示が正しいものであるかによろうと考えます。

その証拠をここには付録として三篇を記しました。これらは『法絲帖――真澄哲学講義』(下)からのものです。また、その上梓に際して調べている間に清水寺からの資料を発見したので添付します。この『法絲帖』(下)は、花井のものではなく、譲り受けた門田の講義録のテープから起こしたものです。――『法絲帖』(下)は、私家版で一般には公にしていません。後日、『真澄哲学講義――「十言神呪」序論――』(仮)として上梓したく計画をしています。

【付録一】は、二月二十一日の住江大神からのお言葉にありました「周防神集岳頂上に来るべし。太祝詞並びに太占を開顕すべし。トキハナノヰ明神によりて……」とある後日談です。トキハナノヰ明神と出合い、明神から直接のご指導をいただかれた内容です。【付録二】は、大字観法の功徳として、守護神との対面を果たした後日談です。【付録三】は、「十言神呪」の組立です。第一の組立は神呪の循環的な解釈、第二の組立は前半と後半の表裏の解釈です。ここには第三の組立を、門田自身が語っているものです。現在においても、十言神呪の組立に対する解明はできていないと言った方が正確だと思います。解明できるならば、これと照らし合わすことによって、あらゆる宗教・哲学に対して足りないところを見つけることができると言っております。

今ひとつは、「五、狂瀾怒濤」の中にある神示（五十九頁）のことです。『清水寺史』（第一巻通史上）文学資料四、お伽草子十八「子やす物語」を示しておきます。本書は清水寺開創千二百年を記念して刊行されたもので、平成七年五月観音縁日の日付でもって貫主・森清範氏の「刊行にあたって」の序文があります。

十八　子やす物語

老尼が閻魔王のお告げで、「胴は一つにして頭二つ手四つ足四つ」の男女を生む。そのころ起こった怪異の原因が二人の誕生にあるとされ、処刑されそうになるが清水の観音に救われる。二人は清水寺に参詣した際に姿を消す。清水の子安の神の化身だったのである。

これは本書の中に示されていますが、指摘しておきます。

次に、住江大神の御神示の中にある言葉です。十一月二十二日住江大神の神示「少なくとも昭和二十九年に起きるべし。」また、同夜アキヒイラギ明神の中の「神々の間で議論が繰り返されております。……二月の末と思います。」にありますが、これは門田が「十五、六甲摩耶山」清水寺において霊視した「水素爆弾の投下」で、その後に記してある著者の注の通りと思われます。水爆は昭和二十九年三月一日、ビキニにおいてアメリカが水爆の実験を行い、日本の「第五福竜丸」が被爆し、十六日乗組員全員原爆症と確認されました。

（五）十月十二日夜、住江大神の神示（八十二頁）に「十言の神呪は五柱の神の体をよめるものにして……」とあります。この「五柱の神」とは、

天御中主命（ス・ミィ）、天照大御神（ア・カ）、少彦名命（テ・ホ）

住江大神（マ・ミ）、大国主命（ラ・オ）

のことです。（　）内はそれぞれの神様の神呪です。

また、ここの「体」は「からだ」でなく「たい」と読みます。仏教用語「体《たい》・相《そう》・用《ゆう》」の体です。ちなみに『仏教語大辞典』（中村元著）の「体・相・用」から引用します。

法そのものの本体（体）と、その顕現するすがた・特質（相）と、そのはたらき・力用（用）

の三面のこと。『起信論』では三大とする。体・相・用の三方面に分けて説くのは、『起信論』独特の説で、一般には体・相または体・用の二つである。

とあります。

ですからここは「五柱の神様の法（自然法則）をよめるもの」となりましょう。一柱の神様が万能、すなわち、すべてをなさるのではありません。それぞれの神様には法に対する担当がありまます。それらを本書にて読み取っていただきたいと思います。門田をして「私が、もし後世に評価されるならば、神様のお働きについて整理したことだろう」と言わしめるものです。【付録三】の図表を参照ください。

（六）三明神すなわち、正一位アキヒイラギ明神（生前のお名前は江藤輝氏《えとうあきら》）、正一位タケシツカサ明神（生前のお名前は馬杉一雄氏《ますぎかずお》）、正一位トキハナノヰ明神（生前のお名前は左右田武夫氏《そうだたけお》）のことは、本書にも詳しく述べてありますが補筆しておきます。

アキヒイラギ明神のことは『無為庵独語《むいあんどくご》』（門田博治先生生誕九十年記念出版）に門田自身が「江藤仁凱《まさかつ》先生の思い出」として記されています。しかし、本名は輝《あきら》のようです。江藤輝です。先生は生長の家の「実相を観ずる歌」を作曲されております。このこと、また次のことは門田自身からお聞きしていることですが、不確かなところがあるように思われるので、ＨＰから引用して付け加えておきます。

其の年オーストリアの首都ウィーンで世界的有名な音楽指揮者ワインガルトナー氏審査で全世界の作曲のコンテストが開かれたのであります。全世界の作曲家が、我れこそはと云うような第一傑作をそこに提出するのでありますが、其処へ江藤輝さんもそのころの作品を一曲、提出せられたのです。審査の結果は、第一席にはいった者はなかったが、第二席に入選した者は三人あって、その三人のうちに、江藤輝さんの作曲が入ったのであります。兎に角、当時の全世界の作曲家のうちの最高名誉の三人の一人に選ばれた。そしてその作曲は、ベルリンから近衛秀麿さんの指揮で全世界に放送され、全世界に江藤輝さんの名と、その作曲とが知られると云うことになったのであります。

(http://blog.livedoor.jp/con5151/archives/52618274.html)

また、江藤先生のご令嬢の設立した「神田音楽研究所」が存在することを今回初めて知りました。そのＨＰから江藤先生の部分だけを引用させていただきます。

作曲家。代表作「ある劇への管弦楽」でドイツワインガルトナー作曲音楽コンクール一位となり、日本での作曲家として草分け的存在となる。その他に「二十四の変奏曲」「白狐の湯」「Ame//ya」「ペルシウス」等がある。

本書の中で花井は「戦時中「白狐《びやっこ》の幽《ゆう》」と「湖畔《こはん》の舞《まい》」の作曲は連続一等賞に当選しウィーン・ガルトナー賞を獲得《かくとく》し」としてある。これらは神田音楽研究所の記述のように、「白狐の湯」、「ドイツワインガルトナー賞」が正しいのではないかと思われるので、「完全版」では文中において訂正をした。

正一位トキツハナノヰ明神、生前のお名前は左右田武夫氏です。花井が「生長の家」講師として指導されたが、詳細な記述が本書の中に示されています。

さて、正一位タケシツカサ明神は、門田の姫路中学の先輩であり、後に親友となった馬杉一雄中佐のことです。門田は、馬杉氏との出会いから始まり、活躍、人となりを語り、さらに、チャンギー刑務所で処刑された様子を記しております。詳細は『法絲帖』（下）にあるので参照して欲しい。また、馬杉一雄氏のチャンギーでのことを調査している時に、『日本のＢＣ級戦犯６０年目の遺書』（田原総一朗監修、田中日淳編、聞き手堀川恵子　アスコム出版社）の著書と出会いました。アスコム出版社のご了解を得て、馬杉一雄氏関係の部分を『法絲帖』（下）に引用させていただいたが、興味のある方はこちらを参照してください。

また、田中日淳氏（池上本門寺（東京）貫首）のチャンギー刑務所での記事が「産経新聞」（平成4年6月28日）紙上にある。タイトルは、「元気で」と送った13階段。わずかを紹介します。

昭和二十二年に復員するまでに、三十五、六人を送りました。そのなかでも馬杉一雄中佐は忘れられません。「とうちゃんまんまと泣きなきてようやくいねぬと妻の文よむ」「頼りこぬいとしの妻はみまかりて子供四人して父待つという」「子供らは如何にその日を過ごすらむ母なき後の故郷の冬」。立派な人でした。

したがって、本書『光る国神霊物語』の中に「A級戦犯となり、シンガポールのチャンギー刑務所において絞首刑に処せられた」（六十二頁）とあるが、これも「完全版」ではB級と訂正をした。なお、馬杉一雄中佐のお子様方の消息を知ることができれば、是非お教えいただきたい。出版社のアスコムの方も探しておられる由です。

（七）門田が富士神社の境内にある小屋にて生活を始めた時、布団が五十センチほど宙に浮いた話があります（三十八頁）。私は門田と共に訪れたことがあります。場所は浜松市中区助信町《すけのぶちょう》です。境内の松林は、遠州鉄道が敷かれたために小さくなっているとのことでした。お立ちになられた神様の底津海神大神は住江大神のことです。神様がお立ちになられた所は、住まいは小屋であるので用をたすところは無く、小用をたしていた所でした。大神様は足を浮かせてお立ちになられ、真っ裸であったそうです。お体から光が発していました。門田は外に出てびっくりし、腰を抜かしました。這《は》って小屋に戻り、用をたす時に使うチリ紙（昔はB5ぐらいの大きさの四角いものでした）

と鉛筆を持ち出し、大神様のお言葉を記したと言っておりました。

この時のお言葉の内容は、記録がありません。顕字観法であったのか、あるいは顕字観法の伝達の予言であったのか、定かではありません。本書には顕字観法の伝授の場面は伝えられていません。

現在も富士神社には小屋が建っています。御本殿に向かって左側にあります。昔のものではありませんが、同じ場所に同じ大きさで建っています。「これを保存しおくような所があるといいのだが」と、訪れたその時に門田は言っておりました。

（八）本書の用い方について述べねばなりません。単なる読み物として読み飛ばしてしまうのは勿体《もったい》ないでしょう。観法《かんぽう》は別紙に形を整え、是非実行なさってください。それぞれに効果があると存じます。
まず、顕字観法は完全な形になっています。「朝の祈り」と「夕べの祈り」に分かれていますが、二つに分かれているのはこの観法だけです。

ここの「十言神呪」奉唱は、天照大御神の善言奏上《よごとそうじょう》のことです。善言とは神様を誉《ほ》め讃《たた》える言葉です。顔の正面に両手で御印（解説一を参照）を作り「あまてらすおほみかみ」と御名を十回称《とな》えることです。一息で一回御名を称えますのでゆっくりになります。

門田は『無為庵独語《むいあんどくご》』において次のように述べております。「顕字観法は十日間を一法《いっぽう》と致します。

産土神社《うぶすなじんじゃ》に毎朝参拝すれば完全です。運が悪い、どうしても運命転換をしたい人は、虚心《きょしん》に此《こ》の観法を実行すれば、必ず新しい境地が開かれます。それは、例挙に遑《いとま》ない程です。」とあります。

顕字観法は、毎日実行しようとすると、ストレスが溜《た》まりますので、十日間を一法としてあるわけです。よき時に期間を区切って真摯に実行してください。

さらに、八つの観法が掲載されています。形はそれぞれの観法の中で述べられていますので、これらの形を整え、実行してみてください。顕字観法の中に禊祓詞、大祓詞が入っていますが、その外の観法には入っていません。普段ご神前において奏上されている方は、顕字観法においても切り離してもいいと思います。

観法の形式を「誠字観法」を例に述べます。御印を組み、誠字神呪朗誦《ろうしょう》、十言神呪奉唱（天照大御神を小声早口で十回で称えますが、一息五回で二息ぐらいがいいでしょう。ここだけは、全ての観法に共通していますが、顕字印に変えます）、主宰神（誠字観法の主宰神は住江大神《すみのえのおおかみ》）住江大神の善言朗誦（九回、一息で一回御名を称えます）、守護神招請（「吾《あ》が守護神《しゅごしん》」と小声早口で八回称えます）、誠字の神呪黙唱です。次に、それぞれの行法に移ります。最後は、誠字の神呪黙唱、住江大神の善言朗誦、守護神御礼（「吾が守護神」と小声早口で八回称える）、十言神呪奉唱、用字神呪朗誦（最後は、次の神呪を称えます）と逆にたどり完成です。ここには安心のために守護神の招請・御礼も入れておきました。本文にある白銀《しろがね》龍神、黒金《くろがね》龍神がご出現されたのはこのためです。

統字観法は、本書には掲載してありませんが、私自身も執行したことがありません。門田が天長祭において執行されるのを、一度拝見したことがあるだけです。観法はそれぞれに難易がありますが、危険なものはありませんので、希望するところから実行なさってください。

右の観法のことについては、本文の中に全て記してあります。したがって古い作法が残っていては、実行に際し混線しますので、最小限の範囲で修正しました。

（九）最後に門田博治、花井陽三郎両先生の経歴を記さねばなりませんが、残念ながら詳細な経歴を記すことができません。

花井は、浜松市西山町に明治三十五年元旦に誕生。官立名古屋高等工業学校（現名古屋工業大学）卒業、浜松において中学校の国語の教員をし、また、浜松の歌人としても活躍した。昭和五十七年十二月二十日没、享年八十一才。

門田は、岡山県に明治四十二年二月二十二日に誕生。上京し東京の大学を卒業したが、在学中から肺病を患い、定職に就くことがなかった。卒業と同時に闘病生活に入り、父親の信仰する「生長の家」谷口雅春先生の『生命の実相』にて肺病を克服し、爾来《じらい》生長の家講師として、花井たちとともに活躍する。終戦を境に夢破れ、再び立ち上がったのが、本書の始まりの昭和二十八年です。㈱『創健社《そうけんしゃ》』（当時の社長　中村隆男《なかむらたかお》氏）、㈱『梅丹本舗《めいたんほんぽ》』（当時の社長　松本紘斉《まつもとこうさい》氏）の顧問として借家住まいをし、生計を立てる。多くの神様からのご指導があったが、それらの記録を公にすることなく、またみずから成書をなすことはなかった。唯一、㈶梅研究会発行「梅家族」に『無為庵独語』として寄稿した断片をまとめ「喜寿の祝い」の引き出物として同名の著書を出版しただけである。昭和六十三年十月二十七日没、享年八十才。十言神呪を授かってからの後半生は少彦名命《すくなひこなのみこと》の命持《みこともち》として、市井に隠れ世間から名を少なくした人生を歩む。あい子奥様は後を追われるように翌年ご逝去。一男三女は健やかです。

ちなみに私は、昭和五十年ふとしたことから門田とのご縁を得ました。当時の弟子は前田高顕《まえだたかあき》氏、中村隆男氏、松本紘斉氏、西東利恭《さいとうとしやす》氏、そして私で、私が最後の弟子です。今一人、浜松時代より門田先生と懇意にされていた那須田征司《なすだせいじ》氏が先生没後に精進されることになった。ご存命は松本氏、那須田氏、そして私となりました。記念行事として『門田先生の思い出』、（増補）『無為庵独語』、『法絲帖《ほうしじょう》』（上下）を出版した。

このような大神様と交信があった記録を、私家版ではなく出版社を通して公にし、日本の財産として後世に遺すことができました。末弟としてひとつの責任を果たした思いです。

（十）当洞の正式名は霊祭道三統義真澄洞《れいさいどうさんとうぎしんちょうどう》です。

門田先生は宗教団体とすることを嫌いました。そのため三統義会《さんとうぎかい》、あるいは三統義塾《さんとうぎじゅく》という名称を使っております。人間が神にまで進化向上するには、三本の道があります。その三本の道は霊・祭・道です。本書に示されておりますのは、霊祭道の三本の道《みち》のなかの霊と祭の道《みち》です。霊とは霊的進化向上、祭とは祭典（神様との真釣《まつ》りあい）、道《どう》とは道徳のことです。既にその年月の流れから、道《どう》の道《みち》はどこかに下されているのではないかと思っています。

今回も、畏友・近江谷博泰氏に校正を依頼した。分かりやすい文章として整えるのに苦心をしていただいた。衷心より感謝を申し上げる次第です。

以上

平成二十五年十一月十三日　畏友最後の日

解 説〈完全版〉

（一）完全版において最も大きく変更した個所は「四、顕字観法」です。ご神拝と顕字観法が一緒になっていましたので、これを分けました。他の個所は伏字〇〇〇〇や（中略）を元に戻したものです。

「十言神呪」の開始の頃であり、祭祀について整ったものが出来上がっていなかったのではないかと思われます。そこで、ご自宅の神棚でのご神拝をされる次第《しだい》と、顕字観法を分離して記しました。この次第は、すこしだけ違っていますが、当塾において行っている毎日のご挨拶の手順です。神社の参拝などにおいては改訂版の前のように、「産土大神（氏神）、住所、氏名、年齢、干支、男女」を申し上げてからご祈願をなさってください。したがって、「顕字観法」だけを取り出すことができます。

（二）先ず、本書前半に多くある伏字〇〇〇〇は、〇〇〇〇と四文字分になっています。これらはすべて石神堪当（いしがみがんどう）、またはガンドウと片仮名で記したものです。ここに記しているものは「石神堪当」という御社の謹製方法、またお祭りの仕方のようです。右に記しましたように当時として祭祀の方法が整えられていなかったことが大きいと思われます。

このことについて二、三回のお言葉の記録がありますが、「十言神呪」の最後の時期と重なり、焦点をずらさないためか、花井先生は本書の中に取り込んでいません。アキヒイラギ明神様よりの霊示がありますので、その部分だけを引用します。

霊　示（昭和二十九年二月十日　朝二時）

正一位アキヒイラギノ命です。

とにかく、黒金龍神様がお帰りになって、お目出とう御座います。これからは、粗忽《そこつ》のない様にお願いしますよ。石神堪当は神界からあなた方に許された秘法ですが、その間に折角と与えられた力を十分発揮されなかったことを神様は御不満です。しかし、これからのご精進如何によって、三月二十一日以降大量に発行する様になるまで十分気をつけて絶対に穢れのない石神堪当を出して頂く様お願いします。穢れになる力の喪失を忌み嫌はれますから、穢れなき様にして下さい。なお、堪当様を正式に石神堪当と御発表になって差支えないと思ひます。

なお、ここで石神堪当の名がついてあなた方は住吉神社［摂津・住吉大社のこと］の境内で発見された「石敢當」の角柱について、大変面白いものを見付けて頂けたと喜んでいます。この角柱の文字も同じくイシガミガンドウと読むのです。ガンドウといふ言葉は実に蒙古語《もうこご》で元の時代広く行はれたので、支那《しな》読みで當《あたる》という字を使って堪当《ガンドウ》と言ったのです。少彦名大神様の秘法の一つでもちろん少彦名大神様の秘法が沢山ありまして、御精進されれば第二の秘法、第三の秘法とお授けになります。この堪当は昔支那に災難除けとして使はれ、ああいふ形――トーテム・ポールのすがたで立っています。全国に二、三十あります。

石神堪当はその価値において、その霊的効果において在来のものに比較になりません。

なお、この石神堪当の作り方をこの際は仕様がありませんが、将来は変えて頂きたい。第一回のガンドウを永久の堪当と同じ大きさにして袋を布製のものにして下さい。少し格付けして欲しいのです。それを先般申上げました。氏神様の信仰と結びつけて朝詣りを励行させて下さい。この際、堪当をあげるため必ず代参させて十日間朝詣りに参加させ、あとの十日間も励行させ、計二十日朝参りしたものにのみ永久の堪当を与えて下さい。

なお、この石神堪当は門田先生が「ナナヤの宮」に参りました記録である『ナナヤの宮参宮記』の図面の中の、「門柱」に記されています。住吉大社を先生とご一緒に参拝したおり、「ナナヤの宮に行かれた方が、おいでたのでしょうか」と、私が話したことです。

また、ガンドウの字は色々に書かれていますが、本書では、この門柱の字に統一してあります。

(二)「中略」部分は、ほぼ「十言神呪」の観法に関するところです。「十言神呪」について、苦労の末に神様から賜わった秘伝の集積であり、簡単に公にすることに躊躇《ためら》いがあったことと想像に難くないと思います。

密教系の行を修めている訳ではありませんので、間違っているかもしれませんが、本書に理解できる範囲で記します。特に、印、手印についてです。印を、「外印に戻り」などと記してあります。印についての表現にいろいろありますので、若干に補っておきます。「十言神呪」の観法には表と裏があります。同じように、印に表印・裏印とも、また、外印・閉印とも表現してあります。また、動字観法では開印、閉印とも表現しています。

表印と外印は同じものです。動字観法では、外印が開いているので開印というわけです。それに対して、裏印は閉まっているので、閉印といいます。他の印に対して開印・閉印という表現はありません。

そしてまた、裏印については、それぞれの観法の個所において記してありますので、これ以上は述べません。ただ、裏印というのは、それぞれの神様の印についてあるようです。全ての印について伝授を受けているわけではありません。

印の変化がいろいろとありますが、ほとんどは外印で十分です。ただ、動字観法における開印・閉印は正確にやります。次頁に顕字印（天照大御神）と大字印（大国主命）を図示しておきます。

（四）解説（八）において、「本書の用い方」として簡単に記してあります。真摯に学ばれようとさ

顕字印

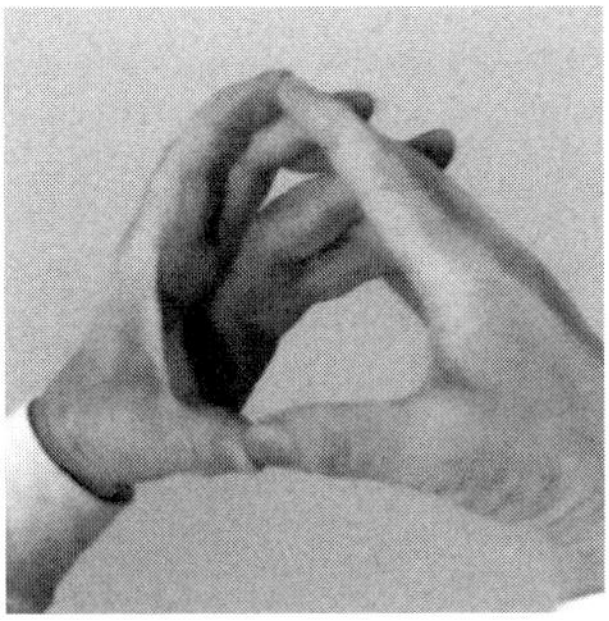

大字印

れる方は、統字観法、体字観法を除き、八つの観法について、その観法を組み立てることができるはずです。ぜひ組立て実行を、執行をしていただいて欲しいと思います。くり返しになりますが、その方法は次のようになっています。

観法の神呪の朗唱（二回）、十言神呪善言（早口で十回）、守護神招請善言（早口で八回）、主宰神の大神様の善言奉唱、神呪の黙唱（三回）、すべてこの手順になっています。次に、それぞれの観法のメインに入ります。終われば、この手順の逆を辿ることになります。ただ、最後の神呪朗唱は、次の観法の神呪の朗唱で終わります。ここを間違わないでください。

それぞれに手印の変化がありますが、それらは本書の中に記されています。

ただし、それらの観法の執行に際しては、その観法の主宰神の大神様をお迎え——神社においてご神礼を受けたり——して、その御前において執行することは当然のことです。

（五）観法の中で最も難しいのは誠字観法です。門田先生の記録の中に鎮魂の組み込まれた誠字観法があります。この鎮魂の部分だけを取り出すことができます。私は、真澄大神のご奉斎の前に鎮魂するようにと言われ伝授されました。これを「気隠《くぐもり》の法」と言います。それをここに記しておきます。

入神歌「いやめたし　すめらみくにの　はるけしき　みゆきのとくる　おとのするなり」（二回）を黙唱しながら身体の消えゆく姿を思い浮かべます。

鎮魂に入ってゆきますが、危険の少ない「音霊の法」がよいと思います。ひたすらにコチコチという時計の刻む音を聞きながら定《じょう》に入ります。私は時計の音を聞きましたが、今はメトロノームがあります。低い音がよいと思います。

抜け出る歌は「いまここに　ななやのみやに　うなみして　さげわたされし　あれとこのもの」（二回）です。「あれ」は自分の御霊、「このもの」は身体です。

四十五分を一法として座りますが、ご自分の都合に合わせて座るとよいでしょう。座り方は問いません。門田先生は坐禅の足を組みましたが、私は正座でした。また、執行の前後に柏手を打つことを忘れないでください。

坐禅というのは、最高の行法ですが、危険もありますので指導者の許で一度習われることをお勧めします。その危険を避けるために「音」を使うのですが、私は、火打石で「キリツマの祓い」と

「紫の法」を執行し、その上でメトロノームの「音」を聞きながら鎮魂に入ります。

本書の中の誠字観法と、ここに示しました鎮魂法「気隠の法」を使うとよいと思います。あるいは、三字観法と「気隠の法」を執行するとまた心地よい境地に運ばれます。

(六)解説(十)において、「人間が、神にまで進化向上するには、三本の道があります。その三本の道は霊・祭・道です。本書に示されておりますのは、霊祭道の三本の道のなかの霊と祭の道です。……、道の道はどこかに下ろされているのではないかと思っています」、と記しましたが、その詳細は拙著――二十一世紀の惟の道――『十言神呪』(宮帯出版社)に著してあります。

(七)「十七、『十言神呪』解説」ですが、一九七一年(昭和四十六年)初版出版の花井先生の解説そのままであります。門田先生の解説は、『増補 無為庵独語』(平成十一年)にあります。両先生のそれぞれの「十言神呪」の解釈を読みくらべるのも興味のあるところです。すでに半世紀を経た今日、解釈についてはそれぞれにあると思いますが、当時のままにしてあります。

目下、「十言神呪」の世界を詳細に語る『神界物語』の上梓に余念のない日々です。更に寿命を授かればいずれの日にか、花井先生のご遺志を継ぎ、本書『光る国神霊物語』の第二巻を上梓できればと願っております。

最後に、花井陽三郎先生、門田博治先生の眠られる奥津城（お墓）の場所を記しておきます。

花井陽三郎先生は

「玄忠寺」（浜松市中区田町三三九・七）の霊園（浜松市中区中沢町四二・一）

門田博治先生は

「法善寺」（三島市市山新田二〇六）の霊園

令和五年五月五日　大國魂神社神輿渡御

石黒　豊信

〔編者紹介〕

石黒 豊信（いしぐろ とよのぶ）

昭和20年（1945年）高知県生まれ。昭和42年東京理科大学（理学部）卒業。平成22年㈻廣池学園・麗澤中学高等学校（数学科）定年退職。

現在、特定非営利活動法人（NPO法人）教職員学校（理事・事務局長）、聖徳大学SOA講師。昭和50年頃より「古神道」研究者門田博治先生に師事する。昭和63年先生ご逝去後、門田家のご協力のもと兄弟子や門田先生を慕われる方々のご援助により、先生の遺された記録・哲学を公にしている。

また、「十言神呪」の普及と研究に努め現在に至る。

責任編集出版は次の通りである。

『門田博治先生の思い出』（平成8年）、『増補　無為庵独語』（平成11年）、『法絲帖』（上）（下）（平成19年　平成21年）、『光る国神霊物語』（ミヤオビパブリッシング　平成25年）、『ナナヤの宮参宮記』（鳥影社　平成26年）、『十言神呪』（ミヤオビパブリッシング 平成30年）、『神界物語（一）』『神界物語（二）』『神界物語（三）』（ミヤオビパブリッシング 令和4年）などである。

〈完全版〉
光る国神霊物語 ―― 大悟徹底の手引書 ――

2023年5月22日　第1刷発行

著　者　門田博治　花井陽三郎
編　者　石黒豊信
発行者　宮下玄覇
発行所　MPミヤオビパブリッシング
〒160-0008
東京都新宿区四谷三栄町11-4
電話(03)3355-5555
発売元　株式会社宮帯出版社
〒602-8157
京都市上京区小山町908-27
電話(075)366-6600
http://www.miyaobi.com/publishing/
振替口座 00960-7-279886
印刷所　シナノ書籍印刷株式会社

定価はカバーに表示してあります。落丁・乱丁本はお取替えいたします。

ISBN978-4-8016-0297-7 C0014